中外巨人传

卓 别 林

孙 鹏 著

辽海出版社

图书在版编目（CIP）数据

卓别林 / 孙鹏 著. —沈阳：辽海出版社，2011.12
（中外巨人传）
ISBN 978-7-5451-1162-0

Ⅰ. ①卓… Ⅱ. ①孙… Ⅲ. ①卓别林，C.（1889~1977）—传记
Ⅳ. ①K835.615.78

中国版本图书馆 CIP 数据核字（2011）第 224382 号

责任编辑：柳海松
责任校对：顾 季
装帧设计：马寄萍

出 版 者：辽海出版社
地　　址：沈阳市和平区十一纬路 25 号
邮　　编：110003
电　　话：024-23284473
E-mail:dyh550912@163.com
印 刷 者：天津海德伟业印务有限公司
发 行 者：辽海出版社

幅面尺寸：165mm×230mm
印　　张：12.5
字　　数：139 千字

出版时间：2012 年 5 月第 1 版
印刷时间：2019 年 1 月第 4 次印刷
定　　价：29.80 元

版权所有　翻印必究

目 录

001 前　言

001 一、童年时光
004 二、初次登台
008 三、不安定的日子
015 四、舞蹈班的一员
019 五、艰难时日
027 六、初露锋芒
033 七、奔波在卡诺
038 八、第一次出国
041 九、纽约之行
044 十、短暂停留后返美

046 十一、初涉影坛
055 十二、加盟新公司
064 十三、发展在互助影片公司
069 十四、快乐的友谊
073 十五、自己的制片厂
076 十六、渐入佳境
080 十七、《寻子遇仙记》
087 十八、好莱坞名人
091 十九、电影感想
096 二十、衣锦还乡
106 二十一、哈娜离世
110 二十二、《淘金记》的灵感
113 二十三、与名流的交往
117 二十四、两位伟人
122 二十五、如日中天
129 二十六、和平主义者
134 二十七、重返故乡
138 二十八、去东方旅行
143 二十九、与宝莲·高黛
150 三十、《大独裁者》

卓　别　林

157　三十一、遭到迫害

160　三十二、乌娜·奥尼尔

163　三十三、远走他乡

165　三十四、《凡尔杜先生》

171　三十五、《舞台生涯》

175　三十六、离开美国

178　三十七、流亡的日子

181　三十八、定居瑞士

185　三十九、不肯停歇的脚步

188　四十、完美谢幕

前　言

很难想象这个世界曾经没有卓别林。这位闻名世界的喜剧大师，用他那天才的表演给全世界人民带来了丰富的视觉享受，给电影界留下了宝贵的拍摄经验。他的耳熟能详的作品经久不衰，他的惟妙惟肖的表演让人难以忘怀。他是演员，他是大师，他是全世界的财富。

卓别林1889年出生于英国伦敦一个贫民区，父母都是游艺场的艺人，后来父母离异。他5岁首次登台演出，10岁正式出道，多半在英国出演音乐剧。14岁的他在《谢洛克·福尔摩斯》剧中饰演小听差时，已经声名鹊起。19岁随卡诺剧团巡回演出。24岁加入好莱坞的影片公司。1914年，他首次以流浪汉夏尔洛的形象出现，当时拍摄的电影是《威尼斯小孩赛车记》。这个夏尔洛的形象日后成为经典，多次在卓别林的电影中出现，以至于人们现在一提起卓别林，头脑中浮现就是那个头戴破烂礼帽、上身裹着紧身衣、下身穿肥大裤子、脚蹬大头皮鞋、留着小胡子的可爱的流浪汉形象。此后的3年里，卓别林拍了62部短片，其中26部由他担任编导。大家除了目睹卓别林非凡的模拟能力外，再一次被他高超的编剧才能折服。1916年，27岁的卓别林成为有史以来最伟大的喜剧偶像。他的多部电影成为经典，较有影响的有《移民》《狗的生涯》《从军记》。

1919年，卓别林开始独立制片。此后一生共拍摄80余部喜剧片，其中在电影史上影响较大的有《淘金记》《城市之光》《摩登时代》《大独裁者》。

1947年问世的喜剧影片《凡尔杜先生》，是卓别林遭受攻击，沉默7年后的首部电影。1952年的《舞台生涯》是卓别林后期具有代表性的电影。

卓别林的电影节奏明快，引人发笑。看似漫不经心，却结构复杂。卓别林的电影时常笑中有泪，看完之后让人深思，具有极高的思想性，这是同时代的其他喜剧演员所不能比拟的。卓别林的电影，对下层劳动人民给予同情，对资本主义的种种弊端进行辛辣地讽刺。

在找寻到真正的爱情之前，卓别林有过3次婚姻，她们都是演员。1943年，卓别林和诺贝尔剧作奖获得者尤金·奥尼尔的女儿乌娜·奥尼尔结婚。乌娜也是一名演员，后来，为了卓别林放弃了演艺事业。卓别林和乌娜共生了8个孩子，乌娜和卓别林在一起的日子正逢卓别林颠沛流离，乌娜给了卓别林一如既往地支持。他们幸福地生活了30多年。

在获得高票房的佳绩时，卓别林也得到了至高的荣誉。

1954年5月，卓别林获得世界和平理事会奖。

1972年，因为卓别林对"本世纪的电影艺术所做出的不可估量的贡献"而获得了第44届奥斯卡荣誉奖。比荣誉更感人的是全场观众全都起立，会场内响起了经久不息的掌声。

1975年3月9日女王伊丽莎白二世授予卓别林不列颠帝国勋

章，由此将他提升为爵士。

　　1999年，卓别林被美国电影学会选为百年来最伟大的男演员第10名。

　　卓别林是和平爱好者，他没有种族歧视，他热爱全人类。人们对卓别林的喜爱也没有停止，他的崇高品格被景仰，他的出色电影被人津津乐道，而且这种喜爱会一直持续下去。

一、童年时光

1889年4月16日,对于大多数人来说是一个再平常不过的日子,可是对于伦敦沃尔斯区东街的查尔斯一家来说,则充满了喜悦。因为在这一天,查尔斯家多了一个活泼可爱的宝宝,他就是查尔斯·卓别林。

此后不久,查尔斯一家就搬到了兰贝斯区圣乔治路的西广场。卓别林和爸爸妈妈还有大他4岁的哥哥雪尼过着幸福的生活,他们住在3间宽敞舒适、环境优雅的大房子里。老查尔斯是名喜剧演员,性格安静,眼睛乌黑且炯炯有神,头发卷曲,嗓音洪亮,是公认的优秀艺人,每周能挣40镑的高薪。母亲哈娜也是名喜剧演员,娇小可爱,容貌纯美、秀丽,淡棕色的长发一直垂到腰际,青紫色的眼睛总是带着对生活的乐观和美好憧憬和对艺术的无限遐想和认真。哥哥雪尼实际上是卓别林同母异父的兄弟,但是兄弟俩的感情特别好,无论是贫穷时的相依为命,还是卓别林声名鹊起时的相互扶持,乃至卓别林大红大紫时俩人共谋大业,点滴小事都见证了雪尼和卓别林的深厚兄弟情谊。

哈娜很爱自己的两个儿子,每天夜里从戏院回来,总要放些糖果在桌子上。如果是星期日,还把两个小家伙打扮得整整齐齐,

漂漂亮亮，然后带着他们一块儿出去旅行。身穿蓝色天鹅绒上衣，配上一副蓝色手套的小卓别林显得特别神气，像个小绅士一般。母子3人徜徉在肯宁顿路上，金色的阳光洒在街面上，一切都是那样美好。

如果日子能永远这样下去多好，然而好景不长，在卓别林很小的时候，父母离婚了。原来老查尔斯嗜酒如命，每次演完戏后，他不回家，而是先到戏院里的酒吧消遣上几杯，那杯里的液体仿佛具有魔力，让老查尔斯一杯接一杯，直至酩酊大醉，忘了回家的路，忘了还有妻儿需要他的照顾。老查尔斯不但酗酒，脾气似乎也不大好，心情不好的时候常常动武，长此以往，他与哈娜的感情渐渐消磨殆尽，最终导致两人分手。

话说老查尔斯如此迷恋杯中物，与当时的社会环境关系也很大。十九世纪中叶，肯宁顿路及沿途酒馆林立，如巨盅酒馆、白马酒馆、号角酒馆等等。有些酒馆是戏馆附设的酒吧间，所以要让演员们不喝酒，是件很难的事儿。歌舞剧演员们也渐渐形成了一个习惯，在周日回家午饭之前，都要小酌上几杯。他们穿着鲜亮的服装，或彼此搭讪，或自斟自饮。常常一些演员因为酗酒而毁了自己的一生，老查尔斯就是其中一位，他去世年仅37岁。

小时的卓别林特别用心观察生活，他好奇地观察着周围的一切，平淡的景物在他眼里充满了绚丽的色彩。他曾跟随母亲坐在公共马车顶层，顽皮地要用手触碰紫丁香树枝；他曾细心地记得扔在人行道上车票的颜色；他记得威斯敏斯特桥上小朋友们的玩具风车和彩色气球。

玩耍的时候是快乐的，无忧无虑的，但是一回到肯宁顿路后边不远的一排破旧屋子，踏上走上去一步三晃，好像随时要倒塌

的楼梯时，小卓别林不免心情有些沮丧。卓别林父母离婚时，由于母亲正当红，养活雪尼和卓别林还不成问题，所以当时也没有向父亲申请赡养费，后来卓别林的母亲收入日渐微薄，而老查尔斯自己生活都捉襟见肘，况且老查尔斯又有了新家，也就更拿不出钱给他们。这时，雪尼出海了，家里就剩下卓别林和母亲。小卓别林常常陪着母亲，看着母亲愁苦的面容，他心里很难受，他很懂事，放学回家就帮母亲做点杂事，倒掉污水。

尽管日子清苦，卓别林的母亲一直没有忘记尽自己最大努力，照顾卓别林，培养卓别林，给予卓别林最大的快乐。事隔多年，卓别林回忆起母亲，曾深情地说："对我来说，母亲似乎是我认识的心地最好的女性，……我曾见识过许多闯荡世界的人，可我从未见到比我母亲更高尚优雅的妇女。如果我有出息的话，那全仰仗她的养育之恩。"

没有钱，卓别林的母亲靠做点小活计贴补家用；没有钱，卓别林的母亲照样把屋子打扫得干干净净；没有钱，她也能想办法弄出一本书，在一顿简单的晚餐后，读一小时的书给卓别林听，有时卓别林还有连环画可以看。

二、初次登台

　　许是有先天的遗传因素，许是后天卓别林母亲无意的培养，卓别林的表演才能逐渐显露出来。那缘于一次意外。

　　尽管卓别林的母亲哈娜是如此的乐观、坚强，卓别林也是如此的可爱、懂事，上帝还是同卓别林母子开了一个小小的玩笑。长期生活的艰辛和营养不良致使哈娜的嗓子出了问题，她稍微受了点风寒就会患喉炎，没等痊愈，就得继续演唱。如此反复，哈娜的声音变得如履薄冰，真不知哪天就不能唱了。

　　当时卓别林刚5岁，哈娜不放心把卓别林自己扔在家里，就把他带到戏院。哈娜供职的是一家低等的戏院，来看戏的多是士兵，他们粗俗无理，稍微不满意就起哄，往台上扔东西。

　　为了生存，哈娜仍旧卖力地演出，但唱着唱着，声音仿佛不受控制似的，变了调，且声音越来越小，好像在喃喃自语。见到这种情形，百无聊赖的士兵可抓住了把柄，有的肆无忌惮地大声嘲笑，有的故意憋着嗓子唱歌，有的竟然学起了猫叫。

　　母亲演出时，小卓别林一直在后台玩耍，此时，听到前台闹哄哄地一片，不知发生了什么事情，只见母亲懊恼地走下台来，与舞台管事争论起来。在这紧急时刻，舞台管事看着小卓别林，

卓别林

突然有了主意。舞台管事知道小卓别林会唱歌，就建议他代替母亲演出。这行吗？

谁知，小卓别林一点也不怕生，被带到舞台后，乐队试了一下调门，他就跟着乐队唱了起来。那是一首大家耳熟能详的歌：

一谈起杰克·琼斯，哪一个不知道？
你不是见过吗，他常常在市场上跑。
我可没意思找杰克的错儿，只要呀，只要他仍旧像
以前一样好。
…… ……

小卓别林唱得好极了，刚唱到一半儿，人群就开始沸腾了，此时有人不断向台上扔便士。小卓别林一看到便士，马上被吸引过去，于是停止了歌唱，弯腰去捡硬币，还一本正经地跟大伙儿说："我必须先拾起钱，才可以接着唱下去。"话一说完，台下看戏的忍不住哄堂大笑起来。舞台管事的看到这种情况，就走上台去，帮着小卓别林把散落的硬币捡起来。小卓别林看到后，着急地喊起来："先生，那是我的！"看着舞台管事的走向后台，小卓别林一路小跑跟了过去，真怕一转眼舞台管事就消失掉，直到看见那个人把硬币交到自己母亲手里，才放心地回到舞台上。

也许天生具有舞台感，站在台上的卓别林丝毫不感到紧张，他面带笑容，与观众交流、在台上跳舞。也许是看多了母亲的表演，他在演出时竟然模仿起母亲，瞧他唱得多带劲儿：

赖利，赖利，就是他那个小白脸叫我着了迷，

赖利，赖利，就是他那个小白脸中了我的意。
我走遍了大大小小所有的部队，
谁也比不上他那样又漂亮又整齐，
比不上雄赳赳的八十八部队里，
那一位高贵的中士，他叫赖利。

面对卓别林精彩的表演，观众不时报以热烈的掌声。这一天对于卓别林来说具有纪念意义。这一次登台是个好兆头，似乎暗示卓别林精彩绝伦的演艺生涯将要拉开序幕。

哈娜热爱自己的表演事业，即使在最艰难的时刻，她仍保存着闪亮的演出服。有时间的时候，她会翻出一件绣金戏装，或一头假发。在孩子们的央求下，她扮成法官，唱起轻快的歌儿。

母亲潜移默化的影响可以说是卓别林关于艺术的启蒙教育。而卓别林性格中的宽容、与人为善也离不开母亲的熏陶。

有一次，雪尼到夜校里读书去了，家里就剩下卓别林和哈娜。哈娜捧着《新约》，给卓别林讲耶稣的故事。讲到一个女人犯了罪，那些暴徒要用石头砸死她，基督就对那些人说："你们中间，谁是没有罪的，谁就可以先拿石头砸她。"她讲到那个悔罪的强盗说他跟耶稣一起在十字架上就刑时怎样请求赦免，耶稣说："今日你要同我在乐园里了。"他从十字架上向下面看他的母亲，说："母亲，看你的儿子啊。"接着，在临死的那一阵痛苦中，他叫喊着："我的神呀，你为什么离弃我？"讲到这里，哈娜和卓别林都流泪了。

哈娜是虔诚的基督教徒，也许在对基督的信仰中，使她能从困苦的生活中暂时得到缓解，她相信基督对大众的爱的普照。在

关于对人的怜悯上,她与《新约》中的基督能产生共鸣。最重要的是,哈娜有颗善良的心灵。

　　哈娜的善良表现在多个方面。虽然和卓别林的父亲离婚,仍对卓别林说着他父亲的好;即使自己贫穷,仍救济比自己还要穷的人;对失去父母的老查尔斯的孩子,给予看望和关怀。

　　时间如流水般,在这时好时坏的岁月里,慢慢流淌着。

三、不安定的日子

尽管哈娜节衣缩食，小卓别林乖巧懂事，甚至雪尼无意中捡到一笔可以缓解一段日子的钱币。但随着时间的推移，日子还是维持不下去了。偏巧，哈娜这时患了偏头痛症，不得不停止活计，把茶叶敷在眼睛上，躺在黑暗的屋子里。想着自己的孩子马上就没吃没穿的了，哈娜做出了一个不情愿的决定，就是一家三口进兰贝斯贫民习艺所。但是孩子们似乎很乐意，因为那个卓别林住的黑屋子太让他和哥哥窒息了，小孩子长期住在那里，肯定会感到深深地压抑。再说在贫民习艺所可以保证一日三餐，不用再过吃上顿发愁下顿的日子了。

一个曾经当红的艺人，如今沦落到靠贫民习艺所的救济，这件事在哈娜的心里产生了强烈的震撼，她曾经美好的从艺理想，都被这无情的现实生活击碎了，她的内心很痛苦，但一想到她还有两个孩子，哈娜选择坚强地活下去。

到了习艺所，哈娜和卓别林兄弟分开了，哈娜去了妇女收容部，两个小孩儿去了儿童收容部，这就意味着他们要面临着分离。一个星期后，他们见面了。哈娜老了许多，但一见到两个孩子，哈娜眼里顿时绽放出光彩。她一会儿爱怜地摸着儿子的脑袋，看

卓别林

着他们刚刚剪短的头发，一会儿摩挲着儿子的手，安慰他们不久之后就会团聚。哈娜还从围裙里拿出一袋椰子糖，那是心灵手巧的她给一个保姆编结了袖口花边，然后用挣来的钱在习艺所小卖部里买来的。

兰贝斯习艺所的生活还算过得去，起码雪尼和卓别林都解决了温饱问题。3个星期后，雪尼和卓别林转到了汉威尔贫民孤儿学校。在那里，卓别林读了试读部和校本部。汉威尔学校在照顾儿童方面很好，但管理严格。犯了过失的人会被用藤条抽打，严重的还会挨板子。

卓别林是个听话的小孩儿，按理说，这种挨打的事儿是找不到他的。但是有一次，几个孩子在厕所的石头地板上烧一些碎纸片儿，烧完后，火星还没熄灭，正好卓别林去上厕所，就被好事之人诬陷成放火烧厕所的始作俑者了。卓别林没有辩解，因此卓别林的屁股上结结实实地挨了三藤条。勇敢地卓别林并没有掉眼泪，可是屁股上的疼痛着实折磨了他好几天。

雪尼知道弟弟挨揍后，心疼地哭了。这时的雪尼常常在厨房里打杂，机灵的他常常给弟弟偷一块带奶油的面包卷儿，聪明的卓别林把他藏在运动衫里，然后与另一个孩子一起，把这个"奢侈品"消耗掉。可是好景不长，不久，雪尼离开"汉威尔"，到"埃克斯默思"号训练船上去了。

卓别林是个爱美的小孩儿。有一次，金钱癣在汉威尔流行，卓别林也没有幸免，当保姆拨开他的顶心发，说："这是金钱癣呀！"卓别林忍不住哭了起来。因为金钱癣，卓别林被隔离了，在此期间，不知怎的，卓别林的妈妈来探望卓别林，见到了亲人，想到自己的邋遢样儿，卓别林不好意思起来。知儿莫若母，哈娜仿佛看透了卓别林的心思，一下把他搂过来，边亲吻，边说："不管你多么龌龊，我总是爱你。"

不久，哈娜想办法在肯宁顿公园租了一间房间，全家人又短暂地团聚在一起。之所以短暂在一起，是因为不久之后他们又搬到另一间房间，卓别林后来回忆当时的颠沛流离，曾作了一个形象的比喻，"就像是在玩跳棋似的——而最后一步则是回到了贫民习艺所里。"

生活的居无定所，情感的孤无所依，前途的渺茫无期，终于压垮了哈娜脆弱的肩膀。虽然她一直坚忍，虽然她一直乐观示人，可这一次她没有挺住，她神情恍惚，被送进了凯恩—希尔疯人院。雪尼是最先知道这个消息的，当时他正在踢足球，他不敢相信这个事实，那么和蔼可亲，总是带给他们希望的妈妈怎么可能变疯呢？踢完球后，他悄悄离开人群，终于忍不住啜泣起来。

卓别林听到这个消息，没有号啕大哭，心里却翻滚起来，一种近乎绝望的无助，那个最亲的人，那个自己最依靠的人，那个常常带着笑容解决一切困难的人，怎么会变成疯子呢？

鉴于卓别林母亲的情况，法院作出判决，由卓别林的父亲抚养卓别林和雪尼。此时的老查尔斯又有了一个新家，和他在一起的女人叫露易斯，有一个4岁的小男孩，这个孩子也是卓别林同父异母的兄弟。

露易斯显然不欢迎这两个"不速之客"，一来，他们的到来打扰了自己的生活；二来，两个小家伙也是不小的负担啊。但碍于卓别林的父亲，她不得不草草地将两个小孩儿安排了，具体做法就是在后间里加一张床，让兄弟俩睡。这时的雪尼已经是十来岁的大孩子了，显然这张床不够两个人睡，雪尼说："我要睡客厅

卓别林

的沙发。""叫你睡在哪里,你就睡在哪里",露易丝冷冷地回应道。

露易丝可不会让两个小兄弟白白吃闲饭,一会儿让雪尼去给煤篓子添点煤,一会儿让卓别林去买点碎肉。卓别林巴不得离开,他是不愿同这个女人多呆一秒的。

晚上老查尔斯回来了,卓别林的心情变得好起来,到底是亲生父亲,虽然被分离了那么长时间,老查尔斯还是深深吸引着卓别林。卓别林是那样崇拜自己的父亲,即使是父亲一个切肉的动作,他都暗暗记了下来,并模仿着。

老查尔斯知道雪尼嫌弃床小后,同意雪尼住在客厅里。露易丝因此憎恨雪尼,并常常在老查尔斯面前说雪尼坏话。雪尼也懒得理她,通常很晚才回来。由于卓别林年纪小,当时才8岁,比较乖巧,露易丝对他还算友善,至少从来没打过他,也没作势要打过他,但总支使他干东干西,还有,家里的一些跑腿的事儿也是免不了的。

虽说住在父亲家,但因为露易丝,卓别林感到这不是自己的家,常常有种寄人篱下的感觉。有时傍晚,卓别林徜徉在大街上,听到有人用手风琴拉出轻快的乐调时,似乎触弄了他那易感的神经,他会觉得自己好孤单,仿佛内心的孤独没有人理解似的。然而,当音乐声远去时,自己又留恋起来,四周的静寂衬托自己更加忧郁了。无疑,这段日子是卓别林一生中最漫长、最难熬的一段时光了。

雪尼常常在外逗留到很晚,一回到家,就急忙到菜橱里找吃的,这下可惹恼了露易丝。一天,露易丝借着酒劲,一把扯掉了雪尼的褥单,要把雪尼赶出去,雪尼似乎早有准备,从枕头底下抽出一个针眼锤,说:"你再走近我跟前一步,我就用这个扎你!"露易丝有点害怕了,"你等着卓别林先生回来瞧吧!"事实上,老查尔斯并不常回家,如果回家,也是为了要睡觉醒酒。所以真不知道什么时候她才有机会当着老查尔斯的面指责雪尼的不是。

总之,卓别林和哥哥常常会和露易丝陷入一种尴尬的境地。只要露易丝和这两个小兄弟碰面,气氛就会变得特别紧张。

一个周六,卓别林放学回家,家里没有人。哥哥雪尼又去踢球了,露易丝和她的小儿子也不在家。起初,卓别林很高兴,心想:这下可以不用洗地板、擦刀叉了。可是到了晚上,露易丝母子竟然还没回来,卓别林在家实在待不住了,就出去溜达溜达。走了一阵子,卓别林感到浑身乏力,他中午就没吃饭,早已经饥肠辘辘,又隔了这么长时间,他真是快要饿昏了。现在的他只想回家睡觉。走到快家门口的时候,他看到一个女人身子尽向一边偏斜,跛得很厉害,跌跌撞撞地向楼梯口走去,那不是露易丝吗?前边跑的是她的小儿子。看来,露易丝真是醉的不轻啊!露易丝平常也爱喝酒,可这一次,好像喝得真不少啊!卓别林看到这种情形,心想:还是躲开为妙,以免招惹不必要的麻烦!等到露易丝进去之后,卓别林才蹑手蹑脚地爬上楼梯,想不让人看见,偷偷去睡觉。"你要上哪儿?"突然露易丝跌跌撞撞地出现在楼梯口,"这儿又不是你的家。"这个女人又发疯了。一时间,卓别林僵在了那里。"你们今天夜里不许睡在这里。我已经被你们闹够了!给我滚出去!你和你的哥哥都滚!让你们的父亲去管你们",露易丝怒气冲冲地说。

一个八九岁的小孩儿,在这样飞扬跋扈的女人面前,是无能

卓别林

为力的，可怜的卓别林没有办法，只好转过身去。想起曾听人说过，父亲常常去王子路的王后酒馆，卓别林想去那儿碰碰运气。

没走多远，街旁的路灯映出一个狭长的影子，是父亲。老查尔斯也看见了自己的儿子，他走了过来。看到自己的父亲，卓别林终于忍不住委屈地哭了起来，"她不让我进去，呜呜……她大概喝醉了。"

此时的老查尔斯也是酒气熏天，他带着儿子回到家，一进客厅，看见露易丝在壁炉旁边，扶着壁炉台，两面摇晃。"你为什么不让他进来？"老查尔斯质问道。

"你也滚！你们都给我滚！"这句话真好比火上浇油，老查尔斯更加气愤了，他操起身边的一个沉甸甸的衣服刷子，猛地朝露易丝扔过去。刷子背打在了露易丝的一边脸上，露易丝"咕咚"一声昏倒在地。

后来卓别林才知道，那天老查尔斯去看他的哥哥，但没有带露易丝，露易丝向来对自己的身份敏感，老查尔斯的这一做法让她感到老查尔斯始终没有把自己当作家人。所以看到查尔斯的孩子，怨气不打一处来，借着酒劲，长期的积怨就都发泄出来了。

哈娜在疯人院呆了不久，就恢复了神智，出院以后，第一件事就是去接雪尼和卓别林。一听自己的母亲来了，兄弟俩连蹦带跳地奔下楼去，扑到母亲的怀里。哈娜热烈地拥抱着雪尼和卓别林，似乎在说我们再也不要分开了。

哈娜在肯宁顿路口的后街租了一间房间，它在一家腌菜厂的附近，一到下午，一股酸味就飘进房间里来，但租金还算便宜。要是全家人能在一起，别的困难似乎就变得微不足道了。这时，老查尔斯每星期都能按时支付10先令的补贴，哈娜又重新去做她的活计，一切似乎还算过得去。

在这期间，有一件事情给卓别林留下了深刻的印象。卓别林家所在的街尽头是一家屠宰场，经常有待宰的羊路过卓别林家门口。有一次，一只羊不知怎的，挣脱了束缚，它沿着大街向下狂跑，仿佛要拼命逃脱挨宰的命运似的。管事的赶紧去追，那场面真够滑稽的。不过，这只羊后来还是落入了屠宰场的人的手中。看着管事的面带喜悦，卓别林却高兴不起来，他那敏感的神经又被触弄了，想着"落难"的羊，善良的卓别林跑进家门，哭喊着对母亲说："他们要杀死它了！他们要杀死它了！"这一场景是如此清晰地印在卓别林的脑海里，后来卓别林拍电影的主题思想——悲剧与喜剧的成分相混合，不知是不是受了这一件事的启发。

此时学校开的课如历史、诗歌、科学、地理进一步丰富了卓别林的视野。不过，他最感兴趣的仍旧是戏剧。母亲的培养，自己的努力使卓别林意识到自己在这方面的潜能。也许现在需要的只是一次机会。

机会来了！有一次，哈娜在一家报刊门市部的橱窗外面看到了一段喜剧歌词，觉得它很有趣，就抄下来带回了家。课间休息的时候，卓别林把它背诵给一个同学听，被他的老师里德听见了，他感到很有趣，老师就让他给全班同学背着听。谁知这一次小小的表演竟大受欢迎，卓别林被邀请到每一个班级去背诵。这下，卓别林可出名了。

这次小小的演出对于卓别林来说又是一次难忘的记忆，与5岁替母亲登台时相比，卓别林更深切地感受到了观众的热情和表演的魅力。演出拉近了卓别林和其他同学的距离，卓别林变得比以前活跃了，成绩也有了突飞猛进地提高。

四、舞蹈班的一员

老查尔斯凭着自己对艺术的敏感,感到卓别林是可塑之才。于是同哈娜商量,介绍卓别林进舞蹈班学习、演出。一来有机会可以立身扬名,二来在经济方面对哈娜来说也可以有些补充。

不久,卓别林就成为了兰开夏八童伶舞蹈班的一员。排练了6个星期,聪明的卓别林就可以在班里合着跳舞了。第一次演出,卓别林有点不知所措,这是大多数演员在第一次演出都会遇到的情形。又过了几个星期,卓别林渐渐适应了,可以单独跳舞了。

卓别林这时年纪不大,但对于表演,他总是有自己的想法。他已不满足于在戏班里跳跳木屐舞,他想有机会能够独自去表演。这不单单因为独自表演可以挣更多的钱,更重要的是单独表演可以给卓别林更多的发挥空间。当时卓别林的理想是成为一个扮演丑角的童伶。具体设想是和另一个男孩子合演,俩人带上流浪汉的胡子和大钻石戒指,筹划的表演中还包含一切他们认为能够招笑的小玩意儿。计划最终没有实现,但这个隐约的"流浪汉"雏形,影响着卓别林的一生。

兰开夏八童伶班有一个特点,班主从不给小孩儿的脸上涂油彩,他们红扑扑的脸蛋是天然的。如果小孩们在演出前脸色有点

苍白，班主的办法就是要孩子们拧自己的脸。遇到演出频繁，孩子们倦怠的时候，班主就在幕后一面笑一面指着自己的脸，孩子们看到后，立刻心领神会，脸上随即展开了笑容。

19世纪时，有穿众多不同戏装的小丑角色。小丑的表演是喜剧表演不可或缺的角色，小丑滑稽的表演常常让观众捧腹大笑，从而带动了剧场的气氛，把演出推向高潮。对于兰开夏八童伶班来说，卓别林是个初来乍到的小伙子，甚至只是个十来岁的大孩子。所以现在的他只能辅助主角演一些小猫、小狗的角色。与别人不同的是，卓别林的表演从不循规蹈矩，也不按部就班。舞台上，他总是把自己融入到角色中去，考虑如果自己就是扮演的那个角色，该怎样去做。为了丰富自己的技能，只要有机会，卓别林总是学上两招儿。舞蹈班里走软索的小孩儿得到的钱比别的小孩儿多，这吸引了其他的小学徒。一些小孩儿开始练习翻筋斗，卓别林也练，不久，他就翻得很好了，可是，一次摔跤，他的大拇指挫伤了，因此结束了他的走软索生涯。卓别林还曾攒了一点钱，买了4个皮球和4个白铁皮盆子，每天连续几个小时在床头边练习。

有一次，他在当时著名的丑角马塞林的滑稽戏出演一个小小的配角——一只小猫儿。他戴了一个猫的假面具，装出猫吃惊的神气，又走到狗的后面，用鼻子去嗅。观众开始大笑，于是卓别林转过身，向观众作出吃惊的表情，一面扯动一根绳，同时瞪着的眼睛开始眨巴。戏院管事着急得直跺脚，因为卓别林没有按规定那样表演，卓别林可不管他，只要观众喜欢，说明表演就是成功的。卓别林不但没有停下来，反而继续做着前面的动作。在观众们热烈的掌声中卓别林蹦蹦跳跳地走向后台。

卓别林

那个时代，伦敦演丑角的不少，在人前没心没肺、滑稽搞笑的丑角，在幕后承载着异乎寻常的心理压力。造成心理压力的原因主要来自两个方面：一是有的马戏团没有充分挖掘、利用人才，给曾经红极一时的演员造成极大心理落差，如马塞林，曾经红极一时的红角儿，当马术表演场取消了杂技，大家很快就把他忘记了，以致后来在林林兄弟马戏团的演出中只充当了跑龙套的角色。二来观众喜欢新奇，如果演员的表演一直无法推陈出新，就很容易被观众厌倦和遗忘。如马克·谢里登，曾是英国杰出的丑角之一，他在格拉斯哥的一个公园里用手枪自杀，因为他的演出没受到该市的欢迎。这些喜剧演员承受不了如此大的心理压力，采用了极端的做法。这真是喜剧演员的悲剧人生。多年以后，卓别林的电影《舞台生涯》（也称《舞台春秋》）里揭示了喜剧演员的苦恼。

卓别林在兰开夏八童伶班的日子是幸福的，这里虽然生活简朴，但吃穿不愁，有同龄人做朋友，还从事着自己喜欢的表演。在八童伶班的日子可以说也打开了卓别林的眼界，以前对艺术的了解，仅仅是从母亲那里得到熏陶，现在则可以看到许多优秀艺人的演出。卓别林是一个善于观察和学习的人，因此在打开眼界的同时，卓别林尽情地汲取艺术的营养。给卓别林童年留下深刻印象的不一定是戏演得最红的演员，而下台后在性格上显得独特的演员常常让卓别林着迷。如对自己要求严格、扮演流浪汉和耍杂技的查摩；台上拼命、台下和气的格里菲斯两兄弟。此外，英国丑角丹·伦诺，大明星玛丽·劳埃德，善于模仿狄更斯小说人物的布兰斯比·威廉斯都是卓别林注意的对象。

这期间，老查尔斯的身体每况愈下，一些艺人为他举办了义

演,童伶班班主杰克逊先生是老查尔斯的朋友,因此,他也来参加义演。卓别林看着自己父亲费力地讲话,当时不知道他已经是不久将离别世间的人了。

每周末,卓别林都要同母亲见面,母亲看见卓别林脸色苍白,身体消瘦,很担心,认为是舞蹈对卓别林的肺有害,就写信给杰克逊先生,提到了这件事。杰克逊则认为哈娜有点莫名其妙,索性把卓别林送回了家。

许多小孩在成长期都会害一两场看似很严重,后来证明没什么大碍的病。虽然最后毫无大碍,但开始的时候谁也不敢懈怠。谁知道病情会怎样发展呢?有一段时间,卓别林害了气喘病,哈娜着急坏了,孩子是母亲的心头肉啊,特别是他们处在贫穷时期,作为母亲更加要注重孩子的健康。哈娜带着卓别林作了全身检查,最后确认是患了哮喘症。在哈娜的精心照料下,卓别林不久就痊愈了。但卓别林也从此告别了兰开夏八童伶班。

两年的兰开夏童伶班给卓别林一生都留下了难以磨灭的印象。在这里,他学会了最初的演出技巧,他熟悉了化妆是怎么一回事儿,他目睹了演员在成功演出之后的筋疲力尽和跌打损伤。多年以后,他依然感谢老班主杰克逊先生。他认为"这对我们无疑是良好的训练,使我们能适应享受到成功的幸运女神宠爱以前的艰苦工作"。

日子仿佛又回到了从前,哈娜有时间仍会接一些缝纫活儿,为了贴补家用,哈娜常常累得眼睛布满了血丝。雪尼还是偶尔出现,偶尔又跑得不见踪迹。难道卓别林从此就要告别舞台生涯了吗?这样一个充满表现力和富有艺术创造力的少年从此要销声匿迹了吗?

五、艰难时日

　　不知不觉，雪尼已经 14 岁了，懂事的雪尼没有继续上学，而是在邮局当了一名报差挣些钱贴补家用。他每天穿着制服穿梭于大街小巷忙碌地工作着，以至于那套制服磨损得特别快，他的朋友们都看不下去了，纷纷建议他换一套衣服。哈娜知道雪尼的窘境后，费尽心血攒了 18 先令，给雪尼买了一套蓝哔叽衣服。

　　这时卓别林年龄小，哈娜就顾不得卓别林穿得是否漂亮，只要保暖就行了。此时的卓别林穿的仍是在兰开夏童伶班时的衣服，不同的是，此时这件衣服到处被打满了补丁。卓别林把它戏称为小丑的服装。别看卓别林当时才 10 岁，他还是个要面子的小孩儿，有一次，他穿着这套颇具"特色"的衣服碰到一个曾经在一起玩的小朋友，那个小朋友用孩子的天真打量着卓别林，卓别林反应地还挺快，跟人家解释说，自己因为刚上完了一堂该死的木工课，所以才会穿这套衣服。

　　在这期间，卓别林和父亲很少有来往，其实卓别林心里还是很爱他的父亲的，内心盼望有机会见见父亲。有一次，他路过肯宁顿路上的三鹿酒馆，这个酒馆不是老查尔斯经常光顾的地方，可是当时卓别林仿佛跟老查尔斯有心灵感应，他十分想去里边看一看父亲是否在那儿。卓别林把酒馆门推开了一条缝儿,啊,真的是父亲,卓别林激动极了。父亲也看见自己亲爱的儿子,他示意小卓别林过去。这时的老查尔斯已经病入膏肓,他紧紧地搂着自己的儿子,还询问雪尼和哈娜的状况,短短的相聚,卓别林快乐极了。可是谁知道,这竟是父子俩最后的一次见面。不久以后,老查尔斯因为酗酒,离开了人世。

查尔斯下葬那天,哈娜和卓别林都去了,雪尼因为当时正在外出海,所以没去。那天下着倾盆大雨,空气中弥漫着阴冷的气氛。卓别林在这种感伤的气氛中也不禁黯然神伤,想起父亲生前的种种,那种复杂的心绪萦绕心头,眼泪就不由自主地流了下来。亲属们纷纷把花圈和花朵扔进墓穴以示哀悼。重情重义的哈娜把自己珍爱的黑边手绢扔了进去。

此后的几个星期,卓别林的手臂一直带着一块黑纱。父亲去世,哥哥不在家,小小的卓别林也参与到赚钱养家的行列来。他向母亲借了一先令,去花市买水仙花,然后回来把他扎成几小束,这样就可以赚一倍的钱。

卓别林有时候去酒馆里兜售,那些身着华美衣服的太太、小姐们常常是他的顾客。因为女人们看到卓别林带着黑纱,就很同情他,问他:"孩子,你为谁戴孝呀?"这时,卓别林眨眨大眼睛,无限悲戚地说:"我父亲。"所以,女人们买完花后,还会赏给他钱。得到钱的卓别林自然心里很欣喜,可是哈娜知道卓别林去酒馆后非常不高兴,她认为酒馆葬送了老卓别林,自己的儿子一辈子也不要沾惹那个地方。

于是卓别林短暂的卖花生涯就这样结束了。可卓别林还想做点别的赚点钱,多年以后的卓别林不但是位出色的演员,还是位

卓别林

精明的商人。也许在他小时候，经商的想法在他头脑中已经萌芽了吧。卓别林的小脑袋瓜里还想过许多别的经商之道，比如卖鱼、卖炸土豆片儿，一直到开杂货店。有了这个想法后，卓别林再也无法安心学习了，最后，卓别林说服了自己的母亲，离开学校，出去找工作。小卓别林做过的事很多，医生帮工，跑腿伙计，小佣人。卓别林是个爱幻想的人，也是个容易快乐的人。他做医生帮工，总有办法把候诊的病人逗得开心；他做小佣人，就幻想着有一天做一名管家。但他的年纪毕竟还小，不能像大人那样有自制力。有一次，他在给人家干活的那家，看到一个8尺来长的管子，顿时来了兴致，就把它当成喇叭吹了起来。结果是，3天之后，他被辞退。

由于年纪小，卓别林频繁地更换工作，而且对有些工作有点不胜体力，比如他到印刷所去工作，他要操作的机器在他的眼里真是硕大无朋，他操作时，必须站在一个5尺高的平台上。除了负责操作机器，周末还要洗净滚筒上的油墨。也许这些活儿真不是小孩儿干的，在那儿工作了3个星期后，卓别林患上了流行性感冒。哈娜心疼孩子，所以又催促卓别林上学去了。

生活虽然大抵一直这么清苦，但是偶尔还是会有惊喜。这次的惊喜是雪尼出海回来了。一家人能团聚在一起，别提有多开心了。最开心的是雪尼带回了工资和别人给的小费。这下可以改善一下生活了。卓别林是多么盼望着这一天，他兴奋地把哥哥的钱，捧起来，倒下去，抓起来，再松手。逗得哈娜和雪尼说他像个"守财奴"。

有了钱，雪尼给弟弟买了好多好吃的东西，那时正值夏天，于是雪尼和卓别林吃了好多糕饼和冰淇淋。虽然卓别林在成名后

多次品尝各种美味，但是那个夏天的冰淇淋是最难忘的吧。他们还买了烘烤蛋糕、鱼、松饼、煎饼之类的和妈妈一起吃。多年以后，卓别林成为了好莱坞的富翁，他把母亲接到家里，善良的哈娜还给过路人发冰淇淋，也许冰淇淋是哈娜认为的世界上最好吃的零食吧，那是哈娜和卓别林困苦时最大的奢侈。

过了一段甜蜜的日子之后，雪尼要去航海了，走之前，懂事的雪尼把公司预支给他的35个先令给了哈娜。但是这35个先令对于维持两个人的生活仍然捉襟见肘。不久，日子又和以前一样窘迫了。

不论日子多么窘迫，卓别林总是乐呵呵的，哈娜挣得钱总是吃上顿顾不上下顿的，卓别林就想把家里的一些旧得不能再旧的衣服卖掉。那些衣服真是破啊，虽然它们也曾经美丽过，让主人骄傲过，可是，现在，即使不给钱，白送人家，人家都不会要。卓别林明知道这些，还是想到外面去碰碰运气。他来到一个广场，摊开衣服、鞋帽，吆喝起来："你们愿意出多少？三便士？两便士也行啊。"尽管卓别林自己对叫卖都没把握，还惹来周围人异样的目光，但是他还是卖掉了一副鞋罩。

聪明的卓别林还曾学到一门制作玩具船的手艺，船的两侧是从鞋盒子上剪下的厚纸，给缝在一块硬纸板底上，在光滑的表面上涂一些胶水，再洒上一些木屑儿。在船桅杆上包一些彩色锡箔，配上各种颜色的小旗。这种玩具成本低，也受欢迎，卓别林打算做这个贴补家用。多年以后，卓别林在《寻子遇仙记》中扮演心灵手巧的流浪汉给婴儿做各种生活用品，大概源于他曾有过深刻的生活吧。卓别林效率很高，小船越做越多，麻烦来了，因为他们家的屋子太小了，这么小的空间还要腾出大部分地方放哈

娜的衣服，有时，胶水还容易粘到哈娜的衣服。卓别林最后只好作罢。

不知不觉，雪尼已经出去6个星期了，雪尼还没有回来，又过一个星期，哈娜终于忍不住给轮船办公室写信打听情况，得到消息说，雪尼患了风湿症，住院了。本来这个病没什么，可是对于哈娜来说，则徒增了许多担忧。而这份担忧在一定程度上影响了她的健康。她仍夜以继日地干活，同时希望雪尼早点回来。这时卓别林的新工作是教人家跳舞，多少可以挣点钱维持生活。

又过了一个星期，雪尼还没有回来，哈娜变得担心和不安。她变得沉默寡言，也不做衣服，也不做其他事，常常心事重重地坐在那里。此时的卓别林并不是十分理解母亲的心事，有时，他劝哈娜出去走走，甚至改嫁。他哪里知道现在的哈娜哪有那个心思。哈娜每天拼命干活，吃得却很少，长此以往，身体变得很虚弱。现在再加上雪尼的事，精神上受的刺激也不小，身体就这样不知不觉垮了下来。

有一天，卓别林正往家里走，几个孩子拦住他，一个小姑娘说："你妈妈疯了。""她还敲每一家的门，把一块煤块分给我们，说那是给孩子们的生日礼物，你不去问问啊。"另一个孩子补充道。"什么，疯了？"卓别林三步并作两步地爬上狭窄的楼梯，推开房门。哈娜仍是像往常那样默默地坐在窗口，听见有人来了，缓缓地转过身来，惊奇又无辜地望着卓别林。

"妈！"卓别林一下子扑倒在哈娜的怀里，抑制不住地哭了起来。

"好啦，好啦。"哈娜边安慰边用干枯的手抚摸卓别林，"我是去找雪尼呀，他们把他藏了起来。"

这时卓别林意识到母亲真的精神失常了。哭了一会儿,卓别林擦擦眼泪,说:"妈妈,让我去请大夫去!"

经医生诊断,哈娜确实精神失常了,所以哈娜必须离开家,到医院去治疗。医院离卓别林的家大约有一英里的路,卓别林不知道领着妈妈是怎样走完那一英里路的,只感觉路上的人都用一种异样的眼光注视着他们母子。

把妈妈送到医院后,卓别林那颗善感的心变得久久不能平静。他想起了妈妈开朗的性格,灵巧的双手,善良的心地,亲切温柔的眼神,怎么也不能把妈妈和这个精神失常的人联系在一起。妈妈和雪尼都不在家,卓别林也不想回到那个孤独冰冷的屋子里。他独自在街边徘徊,看着琳琅满目的橱窗,直到天黑了,才不得不向家里走去。

由于精神疲惫,又没什么可以充饥的,卓别林不知不觉睡着了。醒来后,房东太太正站在屋里看着卓别林。房东太太是个好人,她没有落井下石,把卓别林赶走,而卓别林也许诺等雪尼回来,就补上亏欠的房租。

卓别林没有再去看哈娜,因为一见面,卓别林不禁心神俱伤,那种滋味真难受,后来他听说哈娜在6天后被转入了凯恩-希尔疯人院。卓别林盼着雪尼快点回来,好和他一起去看母亲。

房东太太对卓别林很照顾,总叫他到自己家里吃饭,可卓别林不想去。他想避开所有的人,因为他不想更多的人知道他母亲的事。

那些日子,卓别林总是在外徘徊,就像是一只落难的小鸟儿,无处栖息。在外流浪的时候,卓别林认识了几个劈柴的人,那时正值暑假,卓别林喜欢在暖暖的阳光下,看他们干活儿,和他们

卓 别 林

待在一起。那些人对他也很好,有吃的总分给他,而那个开杂货店的老板也喜欢多给他一点儿。卓别林后来在电影中能惟妙惟肖地扮演众多生活中的小人物,也许跟他年少时的一些经历是分不开的。少年时期那些苦难的经历让他更加仔细地观察了社会,体会了人间冷暖。

卓别林是位可爱的人儿,从小到大,一直有很多人喜欢。当然这个时候的喜欢更多的是大人对他的一种爱怜。卓别林天生乖巧,纯朴善良,又活泼有趣,所以许多人都喜欢他。虽然上帝似乎把他抛入了一个非人的处境,但天才的卓别林还是得到了人间的真情和心地好的人们的宠爱。

日子看似就这样没有终点地过着。突然,有一天,一封电报飘到卓别林的面前,电文是这样的:明晨10时滑铁卢车站盼接,雪尼。

哥哥回来了,可怜的卓别林开心极了,只是身上的衣服寒酸了点,破破烂烂的,鞋子也张开了嘴巴,耳朵后还有污垢。可是那有什么关系呢?只要哥哥回来就好。

一见面,卓别林就把哈娜的事情和雪尼说了。雪尼很伤心,他和弟弟回到了住处。雪尼这次带回了一点钱,这些钱足够他们用上四五个月了。雪尼没有忘记给弟弟换了一套衣服,晚上带着弟弟去了游艺场散心。这次雪尼不想走了,他想做演员。雪尼的性格和卓别林稍稍有点区别,雪尼是个特别实际的人,而卓别林身上艺术气息更浓一些。

几天后,雪尼和卓别林一起去医院看望母亲。雪尼和母亲讲他在外面的种种和他的打算。母亲虽然能认出兄弟俩,但是神情还是有点恍惚,医生说这是由于营养不良所致,不久会好的。临

别时，母亲那句"如果当时你给我点吃的，就不会出那样的事情了"。这句话给卓别林留下了很深的印象，在相当长的一段时间里，它时常萦绕在卓别林的耳旁。

六、初露锋芒

卓别林做过许多临时性的工作，这些工作给了他一定的生活积累，但他一直没有忘记自己的理想，那就是做一名演员。因此，每逢休息的日子，卓别林都要精心打扮一番：擦亮皮鞋，洗干净衣服，换上洁净的硬领，按时去伦敦一家高级的演员介绍所。

来登记的"演员"很多，事务所里常常挤满了人，大家高谈阔论，似乎都有一番壮志凌云的气概。登记的年轻职员对这种现象已经司空见惯，面对着一张张渴求的脸，他的回答永远那么简单、直接："没有你的工作，也没你的。"

有一次，大伙儿都散去了，登记的那个人也解脱般地要离去，这时，他发现门旁的角落里站着一个14岁左右的少年，少年头发卷曲，眉目清秀，牙齿整齐、洁白，只是有些羞涩，因为他害怕人家注意到他破旧的衣衫。"你来干什么？"职员问。"请问，你们这需要扮演孩子的角色吗？"少年问道。"先登记吧。"结果，招聘职员在登记本上写上了查尔斯·斯宾塞·卓别林的名字，还记下了他的详细地址，及所有其他细节。登记完后，职员告诉卓别林，有合适的角色会通知他。

很快，通知卓别林试镜的明信片如约而至，卓别林别提多高兴了，他穿着一身新衣服，预示着这将是一个新的开始。接见卓别林的是一个和蔼可亲的人，他就是卓别林早有耳闻的布莱克默先生。起先，卓别林担心这样的人会不会居高临下，事实上，卓别林的担心是多余的，他并未因卓别林是个初来乍到的小伙子而怠慢了他，相反，他亲切地递给他一张字条，让卓别林拿着这张字条去找C·E·汉密尔顿先生。

卓别林获得的角色是《福尔摩斯》里的小佣人比利，主角则由大名鼎鼎的H·A·塞恩斯伯里先生扮演。H·A·塞恩斯伯里先生还编了一出新戏，叫《吉姆：一个伦敦人的传奇》，新戏要在《福尔摩斯》之前试演。卓别林在《吉姆》里饰演一个小报童。当时卓别林身材矮小，模样生涩，经验老到的汉密尔顿先生似乎看出了卓别林的潜质，他认为卓别林饰演比利非常合适。事实上，卓别林正是从这两个角色开始崭露头角，初露锋芒的。

《福尔摩斯》预备从秋天开始，一共巡回演出40个星期。卓别林获得报酬是一星期两镑十先令。尽管这个报酬让卓别林心里乐开了花儿，但此时的他却一脸严肃，深沉地说："我得和我的哥哥商量一下这个待遇。"汉密尔顿先生被卓别林可爱的样子逗得忍俊不禁，也许演戏的人是需要有这样的幽默细胞的。他把工作人员都叫来，指着卓别林说："看看，这就是咱们的比利。"

不久之后，卓别林去拜见了塞恩斯伯里，就是那个要扮演福尔摩斯的人。于是，在富丽堂皇、门厅绚丽的莱斯特广场绿俱乐部，两个人见面了。虽然此时的卓别林有点腼腆，但这位大明星还是友善地接待了他，并让他把脚本带回去，说过一星期准备排练。

幸亏是过一星期，因为此时的卓别林不能把脚本完全读下来，

卓别林

如果拿回去，他可以请雪尼帮忙。一路上，卓别林不停地抚摸那本棕色纸封面的小册子，尽管他日思夜想地成为一名演员，可是当一切到来时，他竟然高兴地恍恍惚惚了。

回到家里，雪尼听到这个消息，都激动地哭了，这个卓别林同母异父的兄弟，和卓别林一直有着深厚的感情，他从心里把卓别林当成自己的弟弟，与卓别林同忧同乐。他一面为卓别林高兴，一面伤感地说："要是母亲在这儿就好了。"

雪尼把脚本读给卓别林听，还告诉卓别林如何记台词，3天里，聪明的卓别林已经把台词熟记于心了。

卓别林没有学过排练，但好在塞恩斯伯里是个好老师，他对卓别林耐心细致，纠正卓别林的一些小错误，教给卓别林一些小技巧。卓别林很用心，而且进步神速，塞恩斯伯里因此感到惊奇，也暗暗高兴找到一个这样有潜质的演员。

《吉姆》试演一周，并未收到预期的效果。剧评家们毫不留情地批评了这出戏，观众们也不买账。但卓别林却受到了赞扬，《伦敦热带时报》上的一篇文章在评价《吉姆》时，这样说道："但是，幸而有一个角色弥补了他的缺点，那就是报童桑米，这出戏之所以招人笑，多半是亏了有这个灵活的伦敦流浪儿童。桑米一角虽然在剧中被写得陈腐而平常，但是查尔斯·卓别林这位玲珑活泼的童伶却把他演得十分有趣。以前我不曾听说过这个孩子，但是，我希望，在不久的将来会看到他的巨大成就。"这个评论家真有先见性，日后正是这个小"报童"经过努力，一步步成为了光芒万丈的影视巨星，他的影片也影响着一代又一代的电影人。卓别林身上闪耀着迷人的光彩，总是专注于自己的角色，在外人看来，他"看上去好像丝毫未意识到自己身上的超群非凡之处"。

《吉姆》演出结束后，卓别林随即投入到《福尔摩斯》的排练中。排练期间，卓别林兄弟想念哈娜了，特别是卓别林，演出的成功和喜悦是迫切想跟母亲分享的，哈娜可是卓别林的启蒙老师啊。兄弟二人见到了哈娜，哈娜精神也有所好转，在凯恩－希尔呆了18个月后，哈娜恢复了健康。

巡演的时候，戏班管事让卓别林和做木工的格林先生和管行头的格林太太一块儿住。这两个人喜欢喝酒，做菜也不太好吃，加上他们和卓别林的年龄相差太大，卓别林就不太想跟他们一块儿住，后来，卓别林索性一个人居住。陌生的城市，卓别林举目无亲，和剧组其他成员也没有太多的共同语言。卓别林又感到孤独了。

因为是一个人，卓别林常常买点菜，和房东一块吃。房东家的厨房收拾得可干净了，灶头是绿色的，炉条擦得锃亮。寒冷的日子里，卓别林和房东围在暖和的炉火旁，吃着涂满新鲜奶油的、刚出炉的新鲜面包，日子简单而美好，卓别林感到舒心。

雪尼的工作并不顺利，他没能够在戏剧院里找到合适的工作，最后去了一家酒店当了侍者。雪尼有时间会去看哈娜，并向卓别林汇报哈娜的近况。不管多忙，雪尼都会按时给卓别林写信，可是卓别林回信却不及时。主要是有一些字让卓别林挠头，因为他不会写。在雪尼的来信中，有一封信让卓别林深深地震撼，也将兄弟俩的感情上升到一个新的高度。雪尼说："自从母亲生了病，就只剩下咱们俩相依为命了。所以，你必须经常写信给我，让我知道我还有一个兄弟呀。"这封信触动了卓别林的心弦，他立刻给雪尼回信，如果说以前他内心里对这个哥哥还有一点点戒心的话，那这次，他是把他当成嫡亲的哥哥了。而且，这份手足之情在卓

卓别林

别林心中的地位一生都没有改变过。

由于在戏班里没有朋友，和大家在一起的时候，卓别林变得更加局促了，面对他们时，他不知如何是好。有一次，班里有个叫葛丽泰·哈恩的女演员，正要过马路，朝卓别林这边走来，这个女演员生的美丽动人，卓别林看见她可爱的样子，是多么想去上前打个招呼呀。可事实上，卓别林看到她穿马路，赶紧转过身去，佯装去看一家店铺的橱窗。

不知道是不是因为青春期在作怪，这时的卓别林做什么都没有心情，一向注重形象的查理也不管外表了。生活习惯也变得散漫了，和戏班里的人赶火车总是最后一分钟到。

在外地演了40个星期，卓别林和他的戏班子又回到了伦敦。有了一定的积蓄后，雪尼和卓别林决定换一个住处，于是他们搬出了波纳尔弄，在肯宁顿路上又租了一套更体面的套间。

经过卓别林的协调，戏班主管决定让雪尼在《福尔摩斯》里扮演一个小配角。雪尼每星期都给哈娜写信，在卓别林和雪尼第二次巡演将近结束时，收到了凯恩-希尔疯人院的来信，说哈娜已经可以出院了。兄弟俩为了庆祝哈娜出院，特地租了一套高级的住宅，还在哈娜的房间里摆了鲜花，准备了丰盛的饭菜。一家人重新聚在了一起，哈娜母子现在可是今非昔比，他们住舒适的住房，吃美味的佳肴。哈娜每次出去回来都要买束鲜花，她原本就是个有品位的女人。

雪尼和卓别林继续出去演出，哈娜和孩子们住了一段时间，则要搬回伦敦。虽然她很喜欢跟孩子们在一起，但是她这样跟孩子们各地跑，需要花太多旅费，哈娜觉得很奢侈。经过考虑，她选择了以前住过的切斯特街那家理发店楼上的一个房间。哈娜把

房间布置得特别雅致，孩子们也为她的新家添了好多家具，以便让母亲住得更舒适些。卓别林和雪尼很孝顺，他们每个月把挣得钱拿出一部分给哈娜，保证哈娜生活得充实、幸福。

在雪尼兄弟第三次巡回演出期间，哈娜来信说，露易丝死了。留下了卓别林那个同父异母的兄弟，这时那个孩子已经10岁了，没有亲属，十分可怜。哈娜这时又显示出她善良的一面，她常常去看那个孩子，每次去都给那个孩子带一些吃的。

直到哈娜又住进了医院。哈娜发病的时候，两个孩子都不在身边，是她的朋友把哈娜送进医院的。哈娜怕儿子们担心，在清醒的时候总是给他们写信，告诉他们自己很好，向他们传递自己欢快的心情。可是由于长期的疾病折磨，哈娜从此再不曾恢复全部理智。此后，她在疯人院里日渐衰弱，后来卓别林实在心疼母亲，又不能在身边照料，就把她送进了一家私人医院。

卓别林的第三轮巡演，演出效果并不是十分理想，因为这时换了班主。可喜的是，在此期间，卓别林收到了著名演员威廉·吉勒特的电文，邀请卓别林出演《福尔摩斯做人难》中的比利一角。卓别林也因这出戏一炮走红。

此时，卓别林来到伦敦西区参加演出。伦敦西区是英国王宫、政府、大商店、剧院的所在地，也是达官贵人的出没地。卓别林的演出渐入佳境，卓别林的观众越来越多。此时，卓别林才16岁。

七、奔波在卡诺

十六七岁的卓别林渐渐走进青春期，开始有了青春期的多愁善感和迷乱。他一会儿激情万丈，一会愤世嫉俗。他对这个世界的一切充满好奇，他想为他的好奇寻找一个答案。

在短暂的休息后，他又找了新东家，一个叫凯西的马戏团。随后，将在一出歌舞剧中模仿沃尔夫德·博迪"医生"。卓别林对自己塑造的这个"医生"比较满意，因为这种模仿已经脱离了简单的搞笑，而是从刻画人物性格着手，显然，这种幽默上升了一个档次。卓别林在凯西马戏团并没有停留太久，不久，他就离开了。

没有工作的日子，雪尼把挣得钱拿出一部分给卓别林，雪尼很有哥哥的样子，他把食宿费交到卓别林的房东那里，保证卓别林能够正常的生活。现在的雪尼是卡诺戏班里一位小明星了，他常常向卡诺推荐自己的弟弟，但是卡诺觉得卓别林太小，就一次次地拒绝了。

卓别林并没有放弃，那时候犹太喜剧演员在伦敦最受欢迎，于是卓别林想到带上大胡子，或许可以隐瞒自己的年龄。卓别林很用心，他为此买了一本笑话书，并从中摘抄到有趣的对话和歌曲，自己排演一出戏。卓别林把排好的戏演给房东看，房东一家看得很认真，但并没有给出任何意见。

经过努力，卓别林争取到一个在福雷斯特剧场演出的机会。卓别林非常看重这次演出，他也想通过这次演出"重出江湖"，甚至扶摇直上，成为真正的名角。他还向房东许诺，一旦如愿以偿，会帮房东弄来看戏的票。

尽管卓别林对这次演出做了精心准备，但是他忽略了几个问题。第一，他的假胡子难以隐瞒他的实际年龄；第二，他准备的喜剧内容是反犹太人的；第三，他的笑话没有新意，无法引起观众的共鸣。

那天，演出刚刚开始，观众就骚动起来，有的观众往台上扔东西，有的跺脚，有的起哄，场面完全失控了。这种情形卓别林没有预料到，匆匆说了几句台词后，他就赶紧逃离了舞台。对于一个演员，发生这种情形是令人沮丧的，就像若干年前哈娜的遭遇一样。它打击了卓别林的自信心，给年轻的卓别林留下了难以磨灭的创痕，甚至让卓别林对自己产生了短暂的怀疑。只是，卓别林年轻，他还有机会重来，这种挫折对他来说未必是件坏事。每个人在通往成功的道路上都会或多或少的遭遇挫折，即使伟大如卓别林，也不能例外。

此时的卓别林已经17岁了，原来青涩的小男孩渐渐变成了一个英俊的小伙子。他遗传了父母的美貌，眼睛明亮、深邃、炯炯有神，鼻梁高挺，嘴唇微微合在一起，嘴角有型，表示它的主人既有思想而又性格坚毅。

走出失败的阴霾后，卓别林开始尝试编剧工作。他写了一出短小的喜剧，名为《十二位正直的人》，讲的是一个陪审团辩论一

卓别林

件毁约案件。戏班里的人对这出剧并不是很认可，甚至有的演员排练到一半就决定不演了，事情发展到这一步，本来应该中止排练，可是卓别林实在没有勇气和大家说明，最后还是雪尼鼓励了他。事实上，事情并没有卓别林想象的那样严重，那个提意见的老演员说："孩子，这并不是你的错。"

一天，雪尼告诉卓别林一个好消息，就是卡诺要见他。在卓别林眼里，卡诺长得短小精悍，皮肤紫褐色，眼睛明亮且透着精明。卡诺本身就是一个优秀的喜剧演员，同时他组织了5个戏班子，这些戏班子在全国巡回演出，有时，卡诺也登台。

第一次见面，卡诺问卓别林对演出是否有把握。卓别林告诉他，只要肯给他机会。卡诺又说，卓别林看起来好像年龄很小，卓别林耸耸肩，轻松地说道，那只是化妆的问题。这微微地耸肩，给卡诺留下了深刻的印象，那一刻，他决定录用卓别林。

卓别林是个对演戏认真的演员，尽管他才17岁，接到角色后，就认真地揣摩起来，不断地排练。他决定好好把握这个角色，一雪在福雷斯特戏院受到的耻辱。

演出就要开始了，他有点紧张，神经也绷得很紧，他不停地踱来踱去，既盼望快点走向舞台，又有点忐忑不安，不知道这次演出会怎么样。

合唱歌舞团已经退场了，舞台渐渐空了下来，这是在暗示观众，下一个节目就要开演了，同时也是在提示演员，该出场了。此时，卓别林精神一振，所有的颓废、紧张都不存在了，他仿佛天生是舞台的精灵，一登台，马上就忘了自己，迅速地融入到角色中了。他登台的方式很特别，那就是背朝着观众，从后面看，他打扮得整整齐齐，带着个大礼帽，穿着大礼服，手拿大手杖。

突然，他转过身来，观众看到的是怎样的一个人儿啊。瞧他，戴着红色的假鼻子，故作严肃地在舞台上走两步，谁知，一个不小心，被哑铃绊倒。他用手杖打吊球，结果吊球弹回来，打在卓别林的脸上。接下来，卓别林又表演了一连串的俏头，滑稽得要命，观众瞪大眼睛，生怕漏掉任何一个细节，同时发出一阵阵会意的笑声。这是一个突破，因为这次和卓别林合作的韦尔登先生也是一个有名的喜剧演员，以前在他出场前，底下是没有笑声的。可是，这次，真的是不一样。

观众的情绪被调动了起来，不但卓别林的演出获得了大家的欢迎，而且卓别林为韦尔登作了铺垫，所以韦尔登那天的演出也获得了成功。

落幕后，剧团的其他演员也很兴奋，他们纷纷和卓别林握手，祝贺卓别林演出成功。

卓别林在舞台上淋漓尽致地表演，在某种程度上，也是一种释放，此刻的他，突然想安静一下。夜里，他来到威斯敏斯特桥栏杆上，河水潺潺流过，他高兴得想哭，毕竟，他的努力没有白费，他再一次得到了观众的认可，他又可以在表演事业中继续遨游。此刻，他好想雪尼，好想和他诉说这一切，可是不行，雪尼还在外地。于是他就独自在外面走啊走，直到走得筋疲力尽。

过两天，卡诺来了，一直对卓别林不够相信的他这下也放心了，他满脸堆笑，和卓别林签了合同。

不久之后，雪尼回来了，哥俩决定新租一套房间。哥俩还对这套房子进行了精心的布置，家具啊，生活用品啊，一应俱全。从此，哥俩演出回到伦敦后，就到这里休息。

在演出上，卓别林渐渐小有名气，随之带来的，就是生活条件的改善。尽管这时的卓别林还没有大富大贵，但比起小时候的生活，简直是天壤之别。

可是，卓别林有时还是有点小小的烦闷，春去秋来，他觉得日子有点单调。他想：也许该有一场爱情吧。这一年，他19岁。

19岁的卓别林期待着爱情的来临，期待着有一位美丽的姑娘来到他的身旁。只是繁忙的路口，拥挤的街道，心上的人儿到底会在哪里，在什么时候出现，他不知道。

一次，一个叫"伯克-库茨美国姑娘"的歌舞团，排在卡诺戏班前面演出。起先，卓别林并没有对他们多加注意。他就在舞台的条幕后站着，突然，这个歌舞团有个姑娘滑了一跤，别的姑娘下意识地吃吃笑了起来。其中有一个姑娘注意到条幕后有一个小伙子，就望了过去，有人看自己，卓别林也自然地回望过去。这惊鸿一瞥，卓别林再也不愿意把眼光移开了，在卓别林眼里，这真是一个美丽的少女，娇俏的脸庞，眼神里透着这个年龄特有的纯真，苗条的身材，像一颗生机勃勃的小树。总之，卓别林被她吸引了。这个女孩子就是凯蒂，卓别林一生难以忘怀的初恋。

海蒂对卓别林印象也不坏，她让卓别林替她拿镜子，她好梳理自己的长发。卓别林非常喜欢这个差事，借此，他也可以好好看看自己喜欢的姑娘。

渐渐熟悉之后，他们开始约会。

可是这段感情没有持续多久，一是凯蒂的父母有些反对，因为那时凯蒂才15岁。二是，年轻的凯蒂自己也拿不定主意，反反复复。终于，卓别林感到累了，他决定放弃了。

八、第一次出国

　　卓别林确实是一名出色的演员，他扮演的丑角形象是经典的。生活中的卓别林是腼腆的，绅士的，甚至是英俊的。可是一旦化了妆，带上礼帽，贴上胡子，他就像换了一个人。他可以没心没肺地笑，也可以顶着一头乱发，露出惶恐的表情。在给观众带来无限欢乐的同时，他是付出了心血的。

　　第一次出国，卓别林去的是法国。在阴冷的城镇演出后，卓别林的戏班终于来到灯火辉煌的巴黎。

　　这次出国，让卓别林见了世面，开阔了眼界。宽敞的街道，路边咖啡馆里透出的金色灯光，气派的女神剧场。这一切都符合卓别林的想象。卓别林还在女神剧场里看了戏。剧场豪华的设施，上流人物的珠光宝气，都给卓别林留下了深刻的印象。当时和卓别林坐在一起看戏的人决不会想到，这个初来乍到的小伙子，日后竟成了誉满全球的大明星。

　　卡诺戏班当时也应邀在此演出，本来他们可以在此连演18个星期，可是卡诺还有别的戏约，就提前结束了演出。

　　回到英国后，卓别林继续到各地演出，一次次的演出将卓别林的演技磨炼的日益成熟，只是他仍然主要是配角。但是，卓别

卓 别 林

　　林身上的熠熠光辉是掩藏不住的，他需要的是一次机会。机会来了，从伦敦办事处传来消息，卓别林将在《足球赛》的第二轮演出中代替韦尔登，并且这次演出是在一个大游艺场，所以它的影响自然非同小可。和每次接到新任务一样，卓别林一旦知道了要扮演新角色，便开始仔细地考虑每个细节，他甚至决定学习伦敦本地人说话。

　　谁知计划没有变化快。排练的第一天，卓别林的喉咙有点小恙，无法正常发音，尽管他想尽了办法，嗓子也没有好转的迹象，他很着急，结果无法专心于剧本的琢磨。

　　开演的那天晚上，卓别林准备豁出去了，他扯开嗓子喊，可是观众看到的只是他的口型，无法清楚地听到他的声音。卓别林失去了一次展示自己的机会。这是一次意外，不能怪卓别林，可是自尊心极强的卓别林难掩失望的心情，他患流行性感冒了。

　　在此期间，他与卡诺的合同也马上期满了。又一次做决定的时候到了，依照卓别林的成绩，如果再合作下去，应该给卓别林提高薪水，可是有两次本该卓别林大放光彩的演出，由于种种原因，没有表演成。那么，卓别林应该怎么跟卡诺谈呢？

　　卓别林的成绩有目共睹，他的丑角表演具有一定的创新，显然，卡诺知道卓别林的价值。艰难的谈判后，卡诺给卓别林的薪水涨到六磅。这时的卓别林对美国充满了向往，一方面他想摆脱牛津游艺场给自己带来的阴影，另一方面，这时美国电影发展很快，它确实吸引有识之士前往。

　　恰巧此时，卡诺剧团美国分部的经理人回来了，他想挑一个演喜剧的演员到美国去。卓别林在《溜冰》中精湛的表演给这位经理人留下了深刻的印象，他确信卓别林就是他要找的人。谁知，

这时卡诺安排卓别林演别的戏，不过，还好，虽然是演卓别林不太情愿演的戏，但演出地点是在美国。

离开伦敦，奔赴美国的日子越来越近了，这次去，卓别林有了长期在美国住下去的打算，这对卓别林来说，又是人生的一项重大决定。对未来的希冀让他有些兴奋，对即将的离去又有些惆怅。每到这个时候，他总是习惯一个人到外面去走走，冷静地把事情考虑一下，这次也是。

他不想惊动任何人，因为他对未来的事情也无法确定，对于没有把握的事情他也不会大肆宣扬，所以他启程的时候，没有同雪尼告别，只留了一张纸条，告诉雪尼，他去美国了，到时会联系他。听起来，就像一次普通的出差一样。

九、纽约之行

卓别林终于来到了纽约,与巴黎的闲适、浪漫相比,纽约是忙碌和高效的。即使是最普通的小贩,都在争分夺秒地做着他的生意。

白天的大街显得冷清和孤傲,可是,一到晚上,华灯初上时,那就是另一幅场景了。沿着百老汇大街往下走,千万盏电灯发出璀璨的灯光,那绚丽的灯光将百老汇照得更显张扬。这里就像一个殿堂,吸引有识之士来成就他的梦想。

百老汇大街两旁戏院林立,演员众多,舞台演出丰富多彩。大街上戏剧气氛颇浓,玩杂耍的,演马戏的,而且你无意中就可以听到许多戏院老板的名字:李·舒伯特,沙利文,弗罗曼。那些不从事戏剧的人也都以居住此地为荣,他们津津有味地谈论着戏剧及明星。要想看最新的舞台消息,看报纸就可以了。因为每天报纸都用整版的篇幅报道舞台新闻。无疑,这一切,深深吸引着卓别林。

卡诺剧团在美国颇有些名气。终于,报纸上登出了卡诺剧团即将演出的消息,大幅的海报已经挂了出来,卓别林的相片赫然在其中。关于戏剧的选择,卓别林和卡诺意见不太一致。由于卡诺判断上的失误，演出效果不太理想，那些在英国受到追捧的戏完全无法激发美国人的兴趣，那些面无表情的观众，让演员心生尴尬。演出结束后，戏班的有些人垂头丧气，卓别林也是。难道卓别林的美国之梦就此终结了吗？

此时下结论为时尚早。尽管卡诺剧团的演出遭到了失败，卓别林的表演却受到了好评。《剧艺报》评价说："那个剧团里至少还有一个很能逗笑的英国人，他总有一天会使美国人为他倾倒的。"

尽管如此，卡诺剧团去意已决，决定演满6个星期后，就回英国。谁知第三个星期在五马路剧场演出时，竟获得了满堂彩。

那个星期，一位戏院的经纪人看了卡诺剧团的戏，邀请他们去西部巡演。这次巡演没有再获得满堂彩，但比在百老汇时的效果强。看来，美国不同地方的观众需求是不一样的。

这次巡演，卓别林随身带了小提琴和大提琴。每一位艺术家都有一两样特别的技艺。卓别林也是，他拿手的是小提琴和大提琴。从16岁开始，他每天都要在卧室练习4至6小时的琴。虽然他最后没在这个方面发展，但是艺术都是相通的，练琴对卓别林的熏陶，对他今后的表演还是有帮助的。

关于小提琴，还有一件趣事儿。卓别林和卡诺剧团的伙伴租了一个房间，但是房东不让他们在屋里做饭。调皮的卓别林灵机一动，决定再煮饭时就拉小提琴，这样房东太太就不会听到煮饭的声响了。

卡诺剧团一路西行，他们的演出从粗犷的芝加哥到温暖的加州，最后在盐湖城结束了第一轮的巡回演出。

卡诺剧团给沙利文和康西丁轮回上演完《银猿》，回到了纽

约。此时他们已经决定直接回英国了。谁知，此时他们又接到了戏约，那就是在纽约第四十二街的戏院里演出剧团所有的戏目。演出很成功，这次演出让观众全方位地看到了卡诺剧团的表演，而不像以前，凭一两部戏就对他们的表演下了定论。

　　好运接踵而来，由于演出极为卖座，卡诺剧团又获得沙利文和康西丁的邀请，去做20个星期的第二轮巡演。

　　纽约之行，让更多的人认识了卓别林，卓别林给美国人留下了难以忘怀的印象，他甚至被认为是"当地美国人曾经见过的最为出类拔萃的哑剧表演艺术家之一"。这对卓别林在美国打开市场有着十分积极的作用。

十、短暂停留后返美

在美国的巡演进行了 21 个月，卓别林回英国时，雪尼已经结婚了。雪尼结婚后，就搬到布里克斯顿路去了。兄弟俩曾经的房间就剩卓别林一个人，卓别林就更觉得孤单了，这更坚定了卓别林再次去美国的决心。

周末，卓别林和雪尼会一起去看母亲。这时的哈娜被转进了私人医院，只是哈娜的情形不太好，病情发作的时候，她老是吵闹，不停地唱赞美诗。

回到英国后，卡诺剧团重新登台，他们在伦敦的各大游艺场巡回演出，获得了不错的反响。

尽管伦敦是卓别林的出生地，是他眷恋的故乡，可是他总觉得在这里他似乎很难再有更大的发展了，而美国发达的电影技术，更广阔的电影制作基地，及自己在美国的小有名气，都似乎暗示他应该再去美国。

5 个月之后，卓别林随卡诺剧团再次奔赴美国。这次卓别林乘坐的是"奥林匹克"号的二等舱，移民局记录显示，卓别林当时怀揣 45 美元现金，此时的美国对于卓别林不再完全陌生，因为上次巡演间隙，他交到了一些志同道合的朋友。

卓别林

到达美国后，卡诺剧团一连演了5个月，这5个月演的都是一些低级轻歌舞剧，与卓别林喜欢的表现闲适生活的浪漫剧不太吻合。卓别林对来之前的雄心壮志是否能实现，产生了点怀疑。虽然演出是沉闷的，但唯一的好处是多攒了一点钱。

5个月的演出让演员们十分疲惫和劳累，因此到达费城后，卡诺剧团决定让演员们先休息一个星期。卓别林也想趁这个假期好好休息一下，他选择了四处走走。一天，卓别林刚回到旅馆，恰巧看见有人在拆一封电报，就凑过去，上面是这样写的："贵公司是否有一位名叫卓福英或与此姓名相似的人？如有，是否请他与凯塞尔和鲍曼联系。"

读电报的人看看卓别林，似乎在说他们要找的人是不是你呢？因为剧组只有卓别林的名字和他们要找的人的名字相似。

卓别林也窃喜，他知道电文上的那个大厦坐落在百老汇大街上繁华地段，说不定有什么惊喜在等着他。想到此，他回了一封电文，说这里有个叫卓别林的人，不知道是不是他们要找的人。

很快，卓别林收到消息，约他到事务所碰面。在这家律师事务所里，卓别林见到的竟是一家电影制片公司，这家电影公司表示看过他的戏，问是否能够与他合作。与他谈判的就是基斯顿滑稽影片公司的股东之一查尔斯·凯塞尔先生。查尔斯欣赏卓别林在喜剧方面的才华，所以邀请卓别林和他一起拍电影。原来，麦克·孙纳特先生，就是曾经看卓别林巡演，说有机会要和卓别林合作的那个人，十分喜欢卓别林的表演，他推荐了卓别林。

谈判很融洽，不久彼此之间就达成了协议，签了合同。不过在这之前，卓别林要履行完他在卡诺的合同。卓别林的演艺生涯即将掀开新的一页。

十一、初涉影坛

电影诞生于 19 世纪末，与卓别林几乎同年诞生。电影的原名是 Motion Picture，意思是"会动的照片"。截至 1913 年电影正逐步发展成为一项产业。

这一天，卓别林乘车来到了洛杉矶郊区伊登代尔。经过多次询问，卓别林找到了基斯顿电影制片厂。事隔多年，卓别林在自传中这样描述他第一次看到基斯顿制片厂的情形：制片厂占了一片一百五十英尺见方的地，外面围了一个绿色的木板栅栏；里面是一些破破烂烂的房子。要进去，必须先走完一条花园里的小路，穿过一所平房。

孙纳特见到卓别林，非常高兴，把卓别林带到制片厂里。搭在中央的舞台自上而下地悬挂着白布，柔和的日光从白色亚麻布上折射下来，一切都显得那样温暖和美好。孙纳特把卓别林介绍给几位演员，其中一位演员叫福特·斯特林。因为这位演员马上就要加入环球了，所以孙纳特准备让卓别林接他的班。

卓别林从一个场地走到另一个场地，每个场地都在独自拍着自己的片断，卓别林第一次知道电影其实就是这样由多个片段组合在一起的。

卓别林

关于怎样拍电影，卓别林现在是个门外汉，可是对于怎样演电影，卓别林一直有他的想法。孙纳特介绍说，他们现在拍的喜剧没有剧本，拍起来比较随意，往往想到哪里就演到哪里。最后形成一个你追我赶的打闹场面。

对于这种结构，卓别林是不认可的，他认为喜剧这样拍是没有生命力的，演出过程中无法突出演员的个性，而没有个性，就不容易给人留下深刻的印象。

经过他的观察，几个演员的表演方式都是在模仿福特·斯特林。而他自己的表演方式与斯特林是不一样的。尽管心中存在诸多疑问，卓别林还是被电影——这门新兴的艺术形式深深地吸引了。跟舞台剧面对的几百名观众比，电影可以让演员在短短几周内，获得数万名观众的观赏。

他还注意到，旧平房被改造成一个个化妆间，有给主要演员的，有给普通女演员的，还有一些是给小演员和丑角的。

一连几天，卓别林都是在场地间走来走去，他有点着急，想尽快工作。他把他的焦急告诉了孙纳特，孙纳特没有给他准确答复，只是说，不要着急。

那个时候是拍电影的初期，拍片时，演员是不讲话的。手摇曲柄摄像机的位置固定不动，而是演员必须根据需要围着摄像机转。

卓别林拍摄的第一部他主演的电影是《谋生》，在这部影片里，他扮演一个英国骗子，跟在一个记者后面，不断地偷东西，从钱包、女朋友，到最后偷走他的工作。不过，卓别林对他这一时期的银幕形象不是很满意。

过了一段时间，基斯顿导演亨利·莱尔曼准备拍一部新片子，

他把卓别林召唤来，让他在里面扮演一个新闻记者。卓别林非常珍惜这次机会，他拍得颇用心，他一直考虑怎样为影片增加笑料。他想了许多俏头，他认为这些恰到好处的俏头能够使影片更加出彩。但导演亨利是个自大的家伙，他认为喜剧不需要什么表演技巧，靠的完全是剪接的效果。

卓别林可不那么容易妥协，他要让他扮演的人物生动、活灵活现，他把自己的想法说给孙纳特听，孙纳特说，那你就证明给我看。在去化妆室的路上，卓别林灵机一动，有了主意。

不一会儿，一个人朝孙纳特走了过来。只见他穿着一条鼓鼓囊囊、肥肥大大的裤子，脚上蹬着一双大大的皮鞋，拿一根手杖，一切都显得那样不合时宜，他还偏偏带个大礼帽，以显绅士，鼻子底下还粘着一小撮胡子，看起来，滑稽极了。一穿上这个衣服，卓别林忽然来了灵感，他想了许多与自己形象吻合的俏头。

孙纳特看到卓别林这个样子，也忍不住笑了来，他是一个真实的人，如果他觉得可笑，他就会毫不掩饰地表现出来。孙纳特的笑声鼓舞了卓别林，他随即向孙纳特解释了这个人物的个性：他没有丰厚的物质，他是一个街头流浪汉，但是他又有爱心，希望像个绅士一样去帮助需要帮助的人；他又是一个有梦想的人，没有因为物质的贫困而放弃心中的追求。显然，这个人物非常有代表性，也非常容易引起观众的共鸣。

J·B·普里斯特利曾这样评价卓别林："他扮演影片中小丑角色时，既未丢失他那非凡超群的逗笑本领，又讽刺与批评了种种社会弊端。"

卓别林能够塑造出这样一个经典人物，除了因为他拥有超人的艺术才华外，还因为他有厚实的生活积淀。童年时代，早早接触了社会，小人物的酸甜苦辣，他自己深有体会，加上与下层人物的接触，他能够用自己独特的方式把他们的思想感情表达出来。

多年以后，他告诉采访的记者，他那脚板朝外蹒跚行走的样子，源于小时候一个醉汉走路留给他的印象。

孙纳特的笑声不但给卓别林以鼓励，还吸引了其他场地的人来观看。这些人有打杂的，有临时演员，甚至福特·斯特林也过来了，卓别林更起劲了，大家哈哈地笑个不停。拍摄完毕，卓别林觉得自己演得好像还不错。

在这次表演里，卓别林还有一个突破，那就是他的这个镜头拉得很长，一共拍了七十五米胶片，这在从前是没有过的。这次表演对卓别林影响很大，他决定以后无论演什么都穿着这套衣服。随着以后卓别林表演的增多，这一形象渐渐深入人心。

卓别林和孙纳特合作得很愉快，孙纳特是个开明的人，他虽然是个导演，但肯倾听演员的意见，每当卓别林有了好点子，他总是能够接纳。这让卓别林能够更加自由地发挥他的创作能力，表演出更加好看的电影。

可是一到莱尔曼和卓别林合作，情况就非常糟，尽管卓别林的喜剧才华得到了大多数人的认可，莱尔曼还是固执地认为那是舞台剧表演那一套，与电影关系不大，更可气的是，他还在剪辑中剪掉了卓别林不少搞笑的片段。

除了莱尔曼，还有一位导演，一个叫尼古拉斯的老头儿，他已经六十多岁了，他也是因循守旧的代表，他没有给卓别林表演的空间，反而让其走福特·斯特林的老路。他与卓别林的矛盾常常将卓别林满腔的创作热情浇灭。

而此时，孙纳特导演的《玛蓓尔奇遇记》就要上演了，卓别

林十分想知道这部戏的效果。他甚至买了票，夹在观众席中，同观众一起观看。对于卓别林的两个片段，观众还是哄堂大笑了，这让卓别林很有信心。

可是回到片场，无法回避的矛盾又继续了，尼古拉斯人不坏，就是有点固执己见，当然卓别林对艺术的追求让他无法委曲求全。结果是，最后放映的影片既没有完全按照卓别林的意思，也无法将卓别林的独特表演完全删掉。

这期间，卓别林陆续拍了5部影片，早期的影片中的动作通常是快速的、粗俗的，甚至是野蛮的，只为逗得观众一乐。

卓别林是位真正的艺术家，他对电影是真正的热爱，而不是仅作为谋生的手段。所以，他决定要真正地去研究它，他不但要琢磨表演，他还要学习电影的制作技术。因此，一有机会他就去学制片技术。他在洗印间和剪接间里跑来跑去，虚心向剪接人员学习剪接。

卓别林就是这样一个人，他在舞台上是逗人开心的演员，工作中，他又是个认真、严谨的人，他一丝不苟，他注重细节。

为了能够在影片中完全发挥自己，他跟孙纳特商量，想要自编自导喜剧片。孙纳特起先不同意，甚至同卓别林产生了争执，但最后还是被卓别林说服了。卓别林不但承诺自己会有好的故事，还非常有魄力地承担责任，这下，孙纳特没有什么可说的了。还有更重要的一个原因是，此时纽约传来消息，催促孙纳特多拍几部卓别林的片子。可想而知，当时，卓别林已经多么受欢迎，如果孙纳特失去了卓别林，那后果真是难以估计的。

基斯顿滑稽影片公司每次发行的影片，平均为20拷贝。如果是印到30拷贝，那就被认为是相当成功的了，可卓别林的一部影

卓别林

片已经印到45拷贝，卓别林又创造了一个奇迹。

随着演出的增多，卓别林再没有像刚来基斯顿公司时那样闲适了，他几乎全身心地投入到了电影中。大到影片的整体构思，小到摄影机的机位，特写镜头与远景镜头的选择，都在他思考的范围。

卓别林的电影越来越受欢迎，表现之一就是观众一看到基斯顿滑稽影片公司的广告时，都会先引起一阵骚动。卓别林往往一出场，观众就无法转移视线，随着卓别林一起进入角色中。

卓别林在给哥哥的一封信中，表达了事业成功的喜悦心情，"我把所有时间都花在拍电影上了。我既编剧本，又做导演，又做演员，要知道这够忙的。雪尼，我一直都很成功，所有的影剧院都将我的名字大写在门前突出的部位，比如，'今天听查理·卓别林。'告诉你，我在这个国家是一位叫座的演员。经理们对我说，世界各地男男女女寄给我的信每星期多达50多封。我如此迅速地名扬天下，真让人高兴，明年我可望赚一大笔钱。"

基斯顿的人渐渐和卓别林成为了好朋友。他们彼此切磋，卓别林将一些舞台上的表演艺术同他们分享。那些临时演员、剧务人员也和卓别林混得很熟，他们亲切地称呼他"查理"。其实卓别林是个容易相处，又值得相处的一个人，他即使成名了，也没有明星架子，只是他在和一个人不熟的时候往往非常谨慎。

这时候，卓别林和孙纳特已经很熟了，他们相处得像一家人一样。

成名之后的卓别林也有机会见上流社会的人物了。卓别林即将要见的这位大人物是金刚钻大王吉姆·布雷达。金刚钻大王在亚历山德里亚酒馆招待了基斯顿公司的一些演员，包括卓别林、孙

纳特、玛蓓尔等等，参加这次宴会的还有钻石大王的朋友多莉姐妹和他们的丈夫。这次晚宴进行得很温馨，钻石大王平易近人还很幽默。

不知不觉，时间已经进入了1914年，此时的卓别林已经25岁了。事业做的顺风顺水，生活也过得有滋有味。他也常常参加舞会，他那美妙的舞姿和翩翩风度吸引了许多人的目光。

这个时期卓别林拍的叫座影片有《二十分钟的爱情》、《面包和炸药》、《牙医师》和《舞台工作人员》等。这些都是卓别林早期的影片，可以看得出来，他还在摸索。雪尼也和妻子来到了美国，卓别林把雪尼介绍给孙纳特，因此雪尼也成为基斯顿公司的一员。

卓别林在一些短片中也有亮点，如在《面包和炸药》中他把面团套在手腕上做甜甜圈的环节是他自己设计的，是当时的观众从来没见过的，所以观众对他的作品大为赞赏。

《新看门人》中有一场戏，老板要开除流浪汉，流浪汉苦苦哀求。他通过动作和表情告诉老板和观众：他家里人多，还有小孩儿。恳求老板给他一次工作的机会。此片正投入地拍摄着，这时摄像机旁边传来了"呜呜"的哭声，原来是一位女演员，被卓别林的表演感动了。看着大家疑问的眼神，她哽咽着说："我知道正是在拍戏，甚至是喜剧，可是我还是忍不住要哭。"这件事除了证明卓别林的演技外，还说明喜剧也是可以是带着眼泪的。

这一年，卓别林还拍了《梅宾的婚姻生活》《假面舞者》。

《蒂利的破损恋情》也找上他，这是第一部电影长度的喜剧片。影片主演是赫赫有名的舞台红星玛丽·德斯勒，票房也不错。这部电影并不是卓别林的电影，卓别林对这部电影也不是非常看

卓别林

重,但他认为和玛丽共事是快乐的。这也使他在影坛站稳脚跟。

雪尼为卓别林的成绩感到骄傲,当卓别林问雪尼观看自己的影片有什么感受时,雪尼说:"我早知道你会一举成名的。"看来,哥哥对弟弟还是最了解的。

在拍了35部影片后,卓别林告诉孙纳特,"只要给我一座公园、一个警察和一个美女,我就可以拍一部电影。"

随着拍电影的深入,卓别林又有了新的拍电影的想法,他想和雪尼合开一家公司,可是雪尼比较保守,雪尼对现在的拍片环境、待遇等很满意,他不想去冒险。

这个时候,卓别林和基斯顿公司的合约也快期满了。这个时候的卓别林,已经是炙手可热的明星了,但是他对现状不太满意,他想有更好的发展。同时,卓别林也是个精明的商人,谈判高手,他明白自己现在的价值,他希望孙纳特能够提供给他更好的待遇,可是孙纳特由于种种原因,不能完全答应卓别林的要求。在没有定论前,一切就这样僵持着。

一天,一个名叫杰斯·罗宾斯的年轻人,代表埃山奈影片公司找卓别林谈判,他听说卓别林在签订合同前先要分一万元的红利,周薪是一千二百五十元,其实对于分红利,卓别林没什么想法,但既然人家都这么传,卓别林认为这未尝不是一个好主意。

可是,这么大的事,罗宾斯可做不了主,于是卓别林请罗宾斯吃饭,以使谈判得以继续进行。罗宾斯表示分红利的事有点难,此时卓别林的主意已定,他说:"看来,他们很多人都在高价拉角儿,他们价钱都喊得挺高,可就是不肯拿出现款来。"最后,罗宾斯给公司负责人打了个电话,也许埃山奈影片公司确实想请卓

别林，他们答应了。这真是一顿开心的晚餐。

　　1914年12月，卓别林前往芝加哥，卓别林演艺生涯的基础阶段已经结束，他马上要奔赴新的旅程了。

十二、加盟新公司

离开基斯顿，卓别林有点不舍，毕竟他最初的电影都是在那里拍摄的，他和孙纳特及同事相处得也很好，那里也是他扬名世界的起点，但是芝加哥在等着他，埃山奈电影公司在等着他。

卓别林最怕离别时的伤感情绪了，所以他没有同基斯顿的同行告别，只是简单交代了一下工作，就和埃山奈的负责人安德森先生前往旧金山了。安德森告诉卓别林在奈尔斯这个地方还有一个小电影制片厂，这个制片厂专门为埃山奈公司拍摄西部电影。

奈尔斯是个小镇，电影制片厂设在小镇的一块空地上，条件非常简陋，安德森看出卓别林似乎不太喜欢这里的拍摄环境，就提议去芝加哥看看。

设在芝加哥的埃山奈电影公司，条件也好不到哪去，管理也不行，这的工作人员对所有的事情都是一副茫然不知所措的样子。他们完全不像搞电影的人，一切都好像走程序，准时上班，准时下班，有时电影正拍在关键的时候，导演一看，时间到了，该下班了，于是大家散去。卓别林觉得这样可不行，他认为这种状态是无法拍出一部好片的，而他既然加入了，就立志通过拍出一部像样的片子来改变这家公司不作为的状态。

首先，卓别林要组织一个班底，卓别林已经跟他们表了态，要亲自挑选演员。其次，卓别林要严格审查样片，而他们却让卓别林看底片，原因是要节省制正片的费用。此时的他们完全没有了和卓别林谈判时的豪爽劲儿。原来埃山奈是最早拍电影的制片厂，享有一定的专利权，可以进行垄断，所以他们有点吃老本，全然不顾电影市场日渐激烈的竞争。最后，卓别林两个星期就拍完了《他的新行业》这部电影，预售额超过了埃山奈公司以前拍摄的任何一部影片。

《他的新行业》这部影片可以说有点让基斯顿电影公司蒙羞。片中的电影公司叫"锁石"，而由查尔斯·英斯利饰演的导演，则和基斯顿那个固执的老头儿有点相似。

卓别林的电影总能频繁出新意，在他的早期作品中，他用羊齿植物刷牙，用假山池里的水漱口。1915年，卓别林拍摄电影《妇人》，这是卓别林的又一次突破，他在影片里男扮女装，但这也不是他第一次男扮女装。卓别林的男扮女装比女人还妩媚，他总是能抓住表演的要点，给观众留下难以忘怀的印象。

电影《银行》里的小流浪汉又展现出了他伤感的一面，他用了幻想的方式达到满足。

电影《夜游》主题简单，就是阐述"我醉了，却不能倒下"。但值得称赞的是卓别林把一个醉汉的形象刻画得淋漓尽致，他又一次表现出了他高超的模仿能力。卓别林还是一个能够配合的人，他与戏中搭档配合得天衣无缝。

卓别林以他的认真和高效打响了到埃山奈公司的头一炮，也证明埃山奈公司没有选错人。可是埃山奈公司有一点让人很气愤，甚至怀疑它的信用，那就是埃山奈公司迟迟不提红利的事，负责

卓别林

人也不来见卓别林。

原来埃山奈公司的负责人斯普尔认为安德森答应卓别林的要求是在冒险，他对卓别林的能力还存在一定的怀疑，他以前从来没听说过卓别林，而他们允诺给卓别林的薪水及待遇在他们公司是从来没有过的。

影片上映不久，斯普尔就回来了，还召集朋友在芝加哥的一家大饭店吃饭，原来现在的他已经知道了卓别林是多么的受欢迎和受瞩目，只要他在饭店喊一声"查理·卓别林"，人群立刻就聚集了过来。

这回斯普尔主动来找卓别林，落实红利和薪水的事情，卓别林用他的勤奋和成绩又一次赢得了别人对他的尊重。

在埃山奈的日子，由于比较自由，卓别林在电影中可以更加自然地表演和发挥。在《海滨》中卓别林和他的对手打得酣畅淋漓，而在这个过程中远处出现了一个游客，丝毫没有注意到这是在演戏。

芝加哥的天气很冷，何况当时正出于开荒阶段，比较荒凉，对于拍电影来说，条件不太好，因此卓别林提议去加州拍戏。

由于卓别林与安德森相处得比较愉快，最后他选择了去安德森负责的奈尔斯去拍片。

卓别林克服了奈尔斯的恶劣条件，全身心地投入到影片的制作中，他对班子精挑细选，他对情节反复琢磨，他选择演员用心良苦。尽管条件恶劣，卓别林还是拍出了几部好片子，他那惟妙惟肖的模仿，引人注目的夸张行为，深刻细腻的内心刻画，都让卓别林的喜剧电影与众不同，即使在今天人们苛刻的目光里，卓别林的电影依然有旺盛的生命力，经久不衰。

上个世纪末,演艺圈中处处可见流浪汉的形象,包括喜剧演员、杂耍演员,甚至歌手。但是没有一个人能像卓别林通过表演将流浪汉的可爱和慧黠如此深入地表现出来。卓别林塑造的流浪汉形象不但衣着鲜明,同时他还是有血有肉的人。此外,卓别林的流浪汉身上具有乐于助人的优秀品质,他又常常通过各种遭遇,成为下层人民群众中的一员,所以,容易引起大家的共鸣。

　　卓别林的笑料有些也来自传统的舞台剧,但是他能加以创新,又能合乎剧情的发展,所以不会给人一种生搬硬套的感觉。

　　1915年,电影《流浪汉》发行。在这部影片里,卓别林是个落魄的流浪汉,他衣衫破旧,但他却心地善良,看到受欺负的农民女儿,他勇于相救,笨拙的动作掩饰不住一颗纯朴的心灵。通过这部影片,再一次加深了大家对流浪汉的印象。这个流浪汉个子矮小,头戴礼帽,上衣紧身,裤子肥大。他四处流浪,拿根拐杖,脚蹬破旧的皮鞋。他可爱善良,表情丰富,时而多愁善感,眉头紧锁,时而顽皮淘气,滑稽可笑。他有颗可贵的爱心,对于需要帮助的人,他勇敢大胆,当面对别人的馈赠,他又羞涩、腼腆。他有时连自己都照顾不了,却打抱不平,照顾其他弱小者。面对势力强大、面目可憎的对手,他总能急中生智,化险为夷。

　　卓别林扮演的流浪汉受到如此的欢迎,不仅因为流浪汉善良、可爱,还因为流浪汉有着绅士般的风度。卓别林的影片非常注重细节。在开头的一幕,流浪汉穿着破旧的衣服在尘土飞扬的大街上行走,一辆汽车在他身边疾驰而过。流浪汉有点懊恼,随即拿出衣服兜里的小刷子,掸去身上的尘土。观众看到这一幕,在爆笑的同时,真担心流浪汉一使劲儿,把衣服刷破了。卓别林就是这么具有想象力,普通的事物在他的眼里、手下都能出现新意。

卓别林

卓别林表演的是哑剧，但全世界的观众都能看懂，且极易引起共鸣。卓别林是这样看待自己的喜剧表演的："多年来我一直专注于一种喜剧，即纯哑剧。我是经过权衡利弊和评估研究的，而且，我已经摸索出了行之有效的方法用来调节观众的反应。哑剧讲究一定的节奏和速度。我的看法是，对话总会减慢动作速度，因为行动不得不为语言服务。"

《流浪汉》的播出，在观众中引起强烈反响。这时卓别林的受欢迎程度日渐明显地显现出来，具体表现在他每拍一部新的喜剧片，它的市价就要上涨一次。不仅如此，在他拍戏期间，还有人对他发出邀请，只需每晚在纽约马戏场登台15分钟，为期两周，就可以获得两万五千元的报酬。

《流浪汉》作为卓别林流浪汉系列经典的鼻祖，多年长映不衰，1960年在芬兰，1974年在西班牙重映时，依旧取得了可观的票房收入，足见人们对这部影片的喜爱。

一直以来，卓别林只专注于拍戏，他知道自己的电影卖得很好，但他从未曾想过他在美国的影响力有多大。此时，在美国，只要和卓别林沾上点边的东西，就大受欢迎，且能换来相当可观的经济效益。看看那些模仿卓别林扮演角色制成的玩具和肖像吧，在美国各个百货公司都有销售，甚至歌舞团的姑娘都要模仿卓别林的样子，贴上小胡子，穿上肥裤子，并唱着一支以卓别林为内容的歌曲。

与此同时，广告商们也纷纷向卓别林抛来橄榄枝，无论是香烟、牙膏，还是衣服、书籍，他们都想靠卓别林打响广告。世界各地影迷的信，像雪片一样飞来。

马德林·索思比如此看待卓别林的成名："尽管在创业之初卓

别林是穷不堪言，但 26 岁时已成了世界闻名的明星人物，大众犹如崇拜当今摇滚乐明星似地仰慕他，也许他是第一位受到如此这般崇拜的人。"

雪尼看到已经成为著名影星的卓别林需要打理的事务日渐增多，就过来帮弟弟的忙。卓别林和雪尼都是不错的演员，同时，他们也颇具商人的灵活头脑，他们看到了影片所带来的经济附加值。雪尼建议，应当根据座位的多少，向一些大的戏院按比率增加定价。如果这一想法实行，那卓别林的每部影片就可以增加十万元以上的收入。后来这一想法，真的实现了，不过这笔收入进入了戏院的腰包。其实在卓别林的电影中，从编到演，几乎都是卓别林一个人唱主角，而且卓别林还很高效，每两至三个星期就能拍好一部喜剧片。所以，戏院为了补偿卓别林，同意每拍一部影片另分一万元红利给他。

尽管卓别林此时名声显赫，但他还是保持了一颗清醒的头脑，他没有沉醉于自己的成功中不能自拔，他会客观地评价自己及同行。他赞扬 D·W·格里菲斯拍戏独具一格，他批评西席·布朗特·地密尔有的作品脱离不了闺阁钗裙的窠臼。

卓别林是个拍电影追求完美的人，他拍电影虽然高效，却不是粗制滥造。他重视剪辑，力求把最好的一面、精髓的部分展现给观众。埃山奈公司不懂得这一点，他们把卓别林减去的片断重新搜集起来，加入到卓别林的影片当中。这种画蛇添足的做法让卓别林足足气了两天。

好在卓别林总有一些志同道合的朋友，可以舒缓一下他的怨气。纳特·古德温是当时美国一位著名的喜剧演员，他和卓别林惺惺相惜，他们总有谈不完的话。他们常常在荒凉的海滨人行道上

卓别林

散步，交谈对影片、人生的看法。对于成名后如何与上层人物交流，纳特·古德温给了卓别林很好的建议：他希望卓别林对于抛头露面的事，不要来者不拒，那会破坏他在观众心目中的神秘感，以至于最后影响电影的上座率。卓别林觉得纳特的意见十分中肯。

与埃山奈的期约已满，卓别林依旧保持了他以往的简约作风，收拾好简单的行囊，离开了化妆室，前往下一个公司地点。

1916年2月，卓别林乘坐前往纽约的火车。这是一列慢车，他要5天才能到达目的地。此时的他，穿着衬衫裤，一派悠闲，完全没有意识到一会儿将要发生人潮汹涌的场面，而这场面的形成与他有关。

火车经过德克萨斯州的阿马里洛，将在晚上7点到达纽约。旅途漫长，卓别林想出去刮刮胡子，但洗漱间有其他人，他就只好等着。火车就要到达阿马里洛了，现在正缓缓驶向车站，突然外面由远及近的喧闹声吸引他偷偷望向车外。只见车窗外的柱子上挂满了横幅，站台上放着桌子，桌子上放着吃的。那情形好像在等待某一位大人物的到来。

满脸肥皂的卓别林正惊奇地望着这一切，只见一群人冲进卓别林的这节车厢，他们气喘吁吁地问："请问，查理·卓别林在哪？"

"我就是，请问有什么事吗？"

"哦"，来人露出一副兴奋的表情，"我代表德克萨斯州州长和所有崇拜您的观众，请您下去吃点东西"。

卓别林被这突如其来的一切弄呆了，他想拒绝，因为他现在这个样子不太适合见人。结果，来人非常坚决，一定要让卓别林下去见见大伙儿。

卓别林答应了,于是他看到了车站里聚集着的庞大人群,人们看着他都露出激动的表情,他费了好大的劲儿才使大家安静下来。

尽管事发突然,卓别林还是发表了诚恳的讲话。他对大家表示感谢,他说对于大家的盛情,他永远不会忘记。讲话结束,人声鼎沸,能够如此近距离的与偶像见面,对于大多数人来说真是一件幸福的事情。何况,卓别林是明星中的明星,他的真诚、他的亲切,他不俗的演技值得人们对他如此的爱戴。

事后,卓别林感到很诧异,这里的人们怎么知道他要坐这趟车的呢?原来,出发前,卓别林给雪尼拍了电报,电报详细地记述了卓别林的行程。兴奋的电报生把卓别林要经过此地的消息告诉了报馆,所以才会有这人声鼎沸的喧闹场面。

卓别林上车之后,一时还没缓过神来,谁知几封电报就送过来了,电文是某某城,或某某旅店都做好了准备,等待他大驾光临。

从堪萨斯城到芝加哥,沿途上欢迎卓别林的人群日渐增多,看到卓别林的人群都欢呼雀跃,警察不得不费力地维持秩序,卓别林一面感到自豪,一面又隐隐地感觉到失去了自由。最后,他不得不提前一站下了火车。

此时的雪尼正在第一百二十五街的一辆车上等卓别林,一见到卓别林,雪尼兴奋地说:"你知道吗?自从你走后,人们一大早就来火车站,报纸每天都发布你的新闻简报。"能干的雪尼还为卓别林谈妥了一家影片公司,那就是互助影片公司。

十几岁时的卓别林总希望更多的人能够认识他,关注他,但他从来没想到,如今名满天下的他竟受到如此多的关注。越来越多的人认识了他，记住了他，可是他，却不认识他们。他感到有点孤独，他想找到一个可以与他真实相处的人，而不是与处在光环笼罩中的他相处。

　　他的一切行动渐渐程序化，签约，拍戏，参加活动。纽约广场最醒目的位置打着一则新广告，卓别林与互助影片公司签订年薪六十七万美元合同，合同金额是当时最高的，而此时他才27岁。

十三、发展在互助影片公司

短暂的休息后,卓别林在互助影片的工作开始了,代表互助影片公司处理事务的考尔菲尔德先生,在好莱坞为卓别林租了一个电影制片厂。卓别林则开始自己着手建立小型的演员班底。他选择了艾娜·卜雯斯做女主角,其他演员还有埃里克·坎贝尔、亨利·伯格曼等。查理对自己颇有信心,他认为自己能够按照自己的意愿拍摄电影,此时,卓别林对自己拍的电影要求更加严格,钱不再是问题,关键是电影一定要拍的好看,有水准。

他在互助影片公司拍的第一部电影是《百货公司巡视员》。接着卓别林开始快速地工作,此时拍的电影有《救火员》《无赖汉》《午夜一点钟》《伯爵》《当铺》《拍电影》《溜冰》《移民》等12部喜剧片。

《百货公司巡视员》中的升降楼梯是个很好的笑料工具。1916年的《消防员》让卓别林承担了一定的风险,他那次完全是在没有任何安全措施的情况下进行拍摄的。《午夜一点钟》卓别林也是将一个简单的情节弄得花样百出。这只是一部18分钟的短片,描述的是一个想爬上床睡觉的人的故事。对于其他演员,可能表演一次就够了,可是卓别林却每次都有新意。

卓别林

卓别林的电影是最能够赢得大多数观众的电影，而且他的电影中常常会有看起来简单、实际操作起来颇困难的动作。比如《溜冰场》，瘦小的卓别林和虎背熊腰的演员艾瑞克·坎贝尔演对手戏。他们都穿着溜冰鞋，在滑冰场上要做出激烈的动作，滑冰鞋下的滑轮飞快地滑动，演员在保持平衡的同时还要协调身上的动作。这部影片也是具有一定的讽刺意味，反映出国家对社会控制的状况，那就是时而疯狂、时而文明，并且不断地交替。

在《安乐街》这部电影里，卓别林饰演一个后来成为警察的假释犯。安乐街的原型是卓别林出生的东街。本片巧妙地描写了伦敦南区警察对安乐街唯恐避之不及的一种状态。夸张的是街道竟然还要靠一个流浪汉来整肃当地的暴力犯罪。瘦小的流浪汉与恶霸对峙，结果恶棍丝毫不怕，还挑衅地让流浪汉用警棍打自己的头。恶霸炫耀自己的蛮力，折弯煤气灯柱。灵机一动的流浪汉趁机用煤气把恶棍迷昏。流浪汉终于战胜了恶霸。最后的场景是个T字路口，设计灵感来自卓别林小时候住过的街道，其布景设计以后多次在卓别林的电影中出现。对伦敦东区的记忆深深影响了卓别林的电影，每次回英国，卓别林还会去看看那里的街道。这部短片历久弥新，一直以来受到广大观众的欢迎。

卓别林拍电影有时有点无厘头，他常常是一有点灵感，就拍摄下来，如果不满意，就再拍摄，直到满意为止。卓别林拍电影非常投入，一旦他下决心拍一部电影，满脑子想的就都是这部电影，遇到困难，他就暂停工作，竭力思索，从一个地方踱到另一个地方，一般不多久就能想到办法，有时想了好久都想不出来，这时候，他就远离人群，一个人待着，才思敏捷的他最后总会提出解决方案的。

卓别林拍戏的时候，非常注意演员的安全，因为本身拍的就是喜剧，一些打闹的场面不可避免。观众每当看到一个人将另一个人打倒在地的场面就非常担心，还有扇耳光的镜头，让观众都心有余悸。事实上，那些激烈的打斗场面事前都经过认真地排练，所以他们只是做假动作，只不过是动作之快，足以以假乱真。当然，要达到以假乱真的效果，就要求演员要配合好，卓别林是出色的，他一次次带领大家完成了任务。

模仿，对于一个演员是最基本的，也是贯穿于表演始终的，因为作为演员，你不能每种生活都经历过，但你要学会模仿。卓别林有高超的模仿能力。他在《溜冰》中扮演的侍者，将服务员应具备的素质麻利地表现出来。他在《当铺》中扮演的当铺店员，他检查那盏钟的情景，活脱脱是一个当铺中的内行。

这个时期，卓别林有许多反映当时社会热点的电影问世，《移民》就是其中一部。这部电影是截至当时为止他拍的最为复杂的电影。本片以充满同情的手法，呈现出困扰美国多年的议题：那就是由欧洲大陆涌入美国的那些贫苦移民的困苦生活状况。影片中，流浪汉与各类移民同在一艘船上，女主角埃德娜和她的母亲，遭遇赌徒的抢劫。流浪汉与坏人斗智斗勇。影片从侧面展示美国当局对移民的不公平待遇，而对于移民来说，只能忍气吞声。美国在给移民带来希望的同时，也给予这些陌生人排斥和抵制。

这部影片也留下了许多有意思的画面。饥肠辘辘的流浪汉在餐厅外踱步，一个银币映入他的眼帘，他连忙放进口袋里，决定去餐馆饱餐一顿。没想到口袋漏了，他浑然不知，仍旧去餐馆吃饭。这时，有人在外边捡到了这枚银币，走了进来。流浪汉和漂亮姑娘吃过饭拿不出钱来，流浪汉的窘态和姑娘不耐烦的神态让

卓别林

人忍俊不禁。那段笑料持续了七八分钟，观众却一点也不觉得厌烦，因为卓别林的动作实在太灵活了，表情又丰富。对于观众来说，是一种享受。

电影中也有纯真、浪漫的场面，如流浪汉与同是移民者的女主角的相遇，最后他们在大雨中成婚。

卓别林本身就是一个移民，对于移民，他也有一些切身的感受。所以，他的影片贴近生活，在嬉笑中藏着生活的泪。

托马斯·利弗兰在《喜剧世界》中说："在美国欣赏他的电影的观众大多是广大欧洲移民及其后裔。平民百姓的日常生活常常是令人不愉快的，他们必须与失业、腐败、无情的政府、趾高气扬的上层阶级等作斗争。通过影片中的流浪汉形象，他们看见了同盟和朋友。他们在银幕上见到的侍者、理发师、学生和警察等人物，无疑是他们习以为常的现实生活的真实写照，因而会产生喜剧性效果。"

对于这部戏，卓别林是倾注了心血的，为了追求完美，他几乎每个镜头都看至少50遍，删减的尺度也非常大，从最初拍摄的4万米胶片，删减到1800米。卓别林闲暇时，可以住最好的旅馆，享受最舒适的生活，可是为了这部片子，他能够"满身肮脏，疲劳憔悴"，直至影片制作成他理想中的模样。

由于在互助影片公司能够自由地发挥，不受任何其他事情的干扰，他觉得在这里是他一生工作中最快乐的一段时间。卓别林的演技日臻成熟，卓别林的身价一路攀升。

不知不觉，与互助影片公司的合约也期满了，善于经营的雪尼又给卓别林带来了一个新的交易：替第一国家影片公司拍8部喜剧片，报酬是一百二十万美元。

卓别林听后是开心的，倒不是因为那些诱人的报酬，而是这是一种认可，一种肯定，它鼓励卓别林更加自信地在电影王国再创辉煌。雪尼是一位理财高手，在卓别林的钱与日俱增的时候，雪尼帮助卓别林进行适当地投资，以使卓别林的财富更加稳固，经济也更有保障。

　　事业有成还给卓别林带来一个好处，就是很多人愿意结识他，通过与更多的人交往，卓别林开阔了眼界，他对一些事情的看法，也会受到人家认真地考虑。卓别林与人交往时，比较随和，一般都能够与人为善，但在他的内心里，一直期望能够跟更合拍的人成为朋友，因为这个时候他表现的是真正的自己，而不只是应酬。

十四、快乐的友谊

卓别林在电影界有许多朋友，这些朋友给卓别林带来快乐的同时，也让他增长了见识，让他日渐成为见多识广的人。

利奥波德·戈道斯基是一位伟大的钢琴家，他圆圆的脸，矮小的个子，为人纯朴，又很幽默，卓别林非常喜欢和他在一起。大钢琴家演奏结束后，会回到自己在当地租的一所房子内，这时，卓别林就去看他，因为卓别林也喜欢弹琴，所以卓别林也喜欢听他弹琴。从利奥波德·戈道斯基那双灵巧的手弹出的旋律，常常让卓别林痴迷。

尼金斯基和他的俄罗斯芭蕾舞剧团也曾上卓别林的制片厂来参观。他观看卓别林电影时满脸严肃，在大伙儿哈哈笑的时候，他没有反应，但是看完了影片，却同卓别林来握手，说他非常欣赏卓别林的演技，可不可以再来参观。

卓别林也曾回访尼金斯基，他为尼金斯基的舞蹈所震撼，尼金斯基的舞蹈超凡脱俗，每一个动作都优美耐看。尼金斯基喜欢给卓别林表演，他把卓别林带入到一个神秘的世界，他用肢体语言表示出他的热情和忧郁，他是个舞蹈的精灵。

遗憾的是，这位在舞蹈方面的天才，在给卓别林表演完舞蹈

之后的6个月，进了疯人院。

帕芙洛娃是卓别林的一位知己，她的表演常常给卓别林以感动。卓别林能看懂帕芙洛娃舞蹈中的抒情意味，他遗憾旧式的摄像机无法拍出她的舞蹈韵味。

艺术都是相通的，卓别林在欣赏其他艺术门类时，其他艺术对他的熏陶，对他拍电影也是大有裨益的。

康斯坦斯·科莉尔是卓别林非常尊重的前辈，卓别林小的时候看过她在《不朽城》中的表演，那个《奥利弗·退斯特》中的南茜一直让卓别林难以忘怀。所以自从卓别林和科里尔见过面之后，就成为莫逆之交。善于结交朋友的科莉尔还给卓别林介绍了一位新朋友，道格拉斯·范朋克，此人是美国二十世纪二十年代著名电影演员。代表作品有《佐罗的面具》《罗宾汉》《巴格达窃贼》。

此前，常常有人跟卓别林提起道格拉斯，说道格拉斯才华横溢、风趣幽默，这些话被卓别林理解成道格拉斯是个张扬、没有内涵的人，直至他们第一次相遇。

有一次，几个人约好在道格拉斯家聚会。事实上，道格拉斯对卓别林也很好奇，据说他听说卓别林要来，也很紧张，一听到门铃响，就赶紧跑到地下室，正好那有一张弹子台，他就打起弹子来，借以掩饰他的紧张。那次聚会卓别林本来也挺抗拒的，与不喜欢的人相聚，对于卓别林来说，简直就是浪费时间。

可结果是两人一见面，就有种相见恨晚的感觉。道格拉斯的热情、真挚、谦虚、乐观都深深吸引着卓别林，而卓别林的真诚、内敛、幽默和才华横溢也感染着道格拉斯。

道格拉斯·范朋克在贝弗利山有一座房子，他常常邀请卓别林去他家做客。道格拉斯非常好客，在家住的还有给他写剧本的汤

卓别林

姆·杰拉第，前奥林匹克运动健将卡尔，还有两个牛仔。卓别林和他们的关系非常好，他同汤姆和道格拉斯的友谊，就像法国小说家大仲马的小说《三个火枪手》里的三个好伙伴一样。

那是一段美好的日子，道格拉斯常常约卓别林骑马去看日出，马童还为他们准备好了咖啡、烘饼和咸肉。卓别林和道格拉斯无所不谈，有时还谈到哲学，卓别林认为人生是空虚的，但是热情的道格拉斯认为人的生命是上天注定的，人是有责任的。道格拉斯为了证明自己的理论，有一次指着满天的星斗，告诉卓别林，你看那美丽的月亮，闪亮的星星，他们存在都是有理由的，那是为了完成上天交给的一项任务。

道格拉斯浪漫的情调简直是到了极限。他会在凌晨三点钟的时候，组织乐队在草地上演奏小夜曲，他会带着狼狗和警犬去兜风。卓别林一边笑道格拉斯浪漫的过了头，一方面又觉得这样的生活是可爱的。

好莱坞很快就聚集了作家、演员和许多其他搞艺术的人。像加拿大小说家、戏剧作家吉尔伯特·帕克爵士，英国小说家威廉·约翰·洛克，美国小说家雷克斯·埃林伍德·比奇，美国作家、银行家古韦纳尔·莫里斯。这些作家勤于写作，为好莱坞的编剧、演员奉献一个个剧本。

由于好莱坞来往的过客比较多，常常需要住宿，一些人看准了商机，就盖起了设备简陋的小旅馆。旅馆条件不好，租金却异常昂贵，因为从洛杉矶通往好莱坞的公路几乎无法通行，一些名流没有选择，只好住在这里。

卓别林渐渐融入了好莱坞的圈子，一些知名作家都与他很熟。埃莉诺是一位小说家，也是上流社会的积极参与者，生活中的她

冷静，写小说的时候却表现出少女的天真和热情，她的小说《三星期》震撼了整个英国社会。她也为好莱坞创作剧本，比较有名的有《他的一小时》《她的片刻》。《她的片刻》延续了她以往的对恋爱描写的浪漫主义写法，描写了少女的一段美丽浪漫的爱情故事。

而卓别林的电影虽有浪漫的点缀，但更具有现实的意义。他创造的流浪汉形象，揭示了那个时代生活在底层的人物的一种对美好生活的向往，流浪汉一无所有，可一次偶然的事件他却能登入上流社会，可他终究不愿为繁文缛节所束缚，所以最后他又自由自在了。流浪汉面对困难的勇气和乐观的态度也符合美国人勇于开拓进取的精神。所以，流浪汉这个艺术形象不但风靡全球，也成为历代人百看不厌的经典。

十五、自己的制片厂

各方面条件都具备的卓别林准备着手建立自己的制片厂。他买了一片地，附近种上了柠檬树、桃树和橘树。电影制片厂被设计成像是一个古老的英国农村的度假房，设施齐备，包括冲洗间、剪接室和办公室。

制片厂落成那天，卓别林非常开心，他兴高采烈地穿上夏尔洛的大皮鞋，在未干的水泥地上踩下自己的第一个脚印。

卓别林用缩时摄影法拍摄了一段宣传短片，他梦想中的摄影棚是伦敦郊区房舍的造型。这可以从一个侧面来说卓别林是个怀旧的人，虽然他在美国打拼事业，可是在他的内心深处，从来没有忘记过他的故乡——伦敦。

他在新制片厂里拍的第一部电影是《狗的生涯》。在这部影片中，将流浪汉夏尔洛和狗的有趣生活放在一起对比，含有讽刺的意味。卓别林一开始就考虑了这部电影的结构，他的想法是用一组镜头引出下一组镜头，笑料要符合剧情发展的逻辑，所有各组连续的镜头又是一个整体。

《狗的生涯》的女主角是卓别林的御用女主角埃德娜·普文斯，她扮演酒吧里的一个女歌手，男主角依然是查理扮演的经典的夏

尔洛流浪汉。一贫如洗的流浪汉夏尔洛终日忍受着饥饿的困扰，他试图找一份工作。结果找工作的人太多了，他没有竞争过那些找工作的人。失望的他在大街上徘徊，一只小狗引起了他的注意。孤独的流浪汉收留了小狗，从此和这条小狗相依为命。流浪汉结识了舞厅里的歌女，并爱上了她，却因为付不起钱而被酒吧侍者踢了出来。垂头丧气的流浪汉回到自己破旧的小屋里，发现小狗正在刨东西，流浪汉走了过去，原来小狗刨出了一个钱夹。于是流浪汉梦想实现了，他在自己的农场为自己打工，干完活后，漂亮的姑娘在家做好饭等着自己。最经典的是最后一幕，流浪汉和女歌手围在一个婴儿筐前，两个人爱怜地注视着筐，此时观众想那一定是两人出世不久的宝宝。镜头拉了过来，是一只狗和几只刚出生的狗崽儿。

《狗的生涯》进一步奠定了卓别林的流浪汉形象。雪尼也参演了这部片子，他扮演的是餐车管理员。

在夏尔洛形象出现初期，夏尔洛的行动比较自由，可以不大受情节的束缚。但是随着一部接一部喜剧片的问世，单纯的重复已没有意义，而且容易让观众产生厌倦。夏尔洛也需要成长，所以卓别林在拍片的时候就对他打闹的情节进行了限制，那些不符合情节、违背逻辑的笑料，一定要删去。

对于卓别林的奇思妙想，许多人都感到很好奇，他们惊诧于卓别林超人的想象力，对于人们的疑问，卓别林的回答是：他也很难说清。不过，卓别林提供了一个思路，那就是你选择一个你感兴趣的主题，然后将它加以引申和发展，如果你不能进一步发展，那么你不妨先丢开它，再去选另一个主题。日积月累，你就可以找到你所需要的题材了。卓别林能够想出这么多的好主意，

卓别林

一方面由于他对艺术的感悟能力，另一方面说明他对电影的无限热爱及全身心地投入。

卓别林对幽默有自己独到的看法，他认为，所谓幽默就是在我们看来是正常的行为中察觉出的细微差别。换句话说，通过幽默，我们在貌似正常的现象中看出不正常的现象，在貌似重要的事物中看出了不重要的事物。

卓别林拥有能将一种物品转换成另一种东西的本领，这是他喜剧才华的核心。这种变形、奇特的转换使电影变得特别好看，他将生活中不能见或很少见的现象在电影中实现了。这样的例子在卓别林的电影中不胜枚举。他可以背起若干把凳子，其外形效果就像一只豪猪。他有办法让静止的东西充满生命力，他把头套进大提琴内，因为看不见外面，他四处乱撞，而外面的人也不知道怎么来帮助他，也陪着他转，因此形成了鲜明的喜剧效果。他可以把按摩变成一场摔跤比赛，或者把消防车变成咖啡机。完全不搭调的东西在他的手里却显得非常自然。

他还举了一个例子，在一次举行葬礼的时候，一些亲友神情严肃地聚集在死者遗体旁，就要举行仪式的时候，一个迟到的人赶了进来，他匆忙地找到一个座位，没有看见一个吊唁者把帽子放在那把椅子上，他坐上去之后才发现，慌忙把帽子递给人家，那个人很无奈，把压扁了帽子接过来，戴在头上，这个片段就使那个肃穆的情境多了点搞笑的意味。瞧，我们的大师随时随地都能够挖掘幽默、制造幽默！

十六、渐入佳境

　　1914年，第一次世界大战爆发，战争造成成千上万人死亡，人们希望早点结束这种野蛮的行为。截至1918年，美国已经两次发动自由公债募购运动，戏剧家卓别林应邀赴华盛顿做美国第三次自由公债募购的动员演说。这次演说有3个大明星参加，分别是：卓别林、道格拉斯和玛丽。

　　演说地点设在一个足球场，场内用一些粗制的木板搭了一个讲台，上面悬挂着旗帜，横幅醒目。不一会儿，听见有人介绍卓别林了，于是卓别林学着好友范朋克的动作跳上了台，接着发表了激情洋溢地讲话："德国人已经到了你们的大门口！我们必须拦住他们！只要你们买自由公债，我们就能够拦住他们！记住了，每买一份公债，你就救活了一个士兵——一位母亲的儿子！——就可以早日打胜这一仗！"卓别林越说越兴奋，一不留神从台上滑了下来，他下意识地去抓旁边的玛丽，结果两个人一起栽在旁边一位身材高大、相貌英俊的海军军官的头上，这位海军军官就是后来当选为美国第三十二任总统的富兰克林·罗斯福。

　　卓别林的演说很有鼓动性，台下群众听得热情高涨。后来，卓别林又去了南方的几个州，他还邀请了他的一位作家兼肖像画

卓别林

家的朋友一同前往，结果他卖了好几百万美元的公债。

战争期间，虽然卓别林没有参军，但是他以自己认为是最好的方式——拍电影，为国家效劳。1918年5月，卓别林投入到《从军记》的拍摄，面对已经延续4年的战争，卓别林决定以战壕为背景，拍一部喜剧。当时正当第一次世界大战打得正酣，好多人劝他不要拍这部电影，但卓别林相信自己的艺术直觉，一定要拍。

《从军记》原来打算拍5大本，后来卓别林把战前和战后的几段都删除了。一个月后，卓别林抛弃了一切已经拍好的内容，搭建新场景，重新拍摄。在这部片子里，查理是新兵营里插科打诨的乌合之众，但在参加战斗时，却立下了赫赫战功：他先是冲到前线俘虏了几个德国佬，然后假扮大树逼近德军防线，最后又在一个女孩的帮助下，俘获了德国皇帝和他的皇太子。就当查理获得无限荣耀，衣锦还乡之时，梦醒了。该片设计了部队中常见的场景：一望无垠的泥泞草地，积水成渠的战壕，连续不断的轰炸和时刻弥漫的恐惧。

《从军记》既具有无限的观赏性，也具有强烈的现实意义。他通过讽刺德军将领及德国皇室来戏谑战争。这部片子也是迄今为止反映第一次世界大战最好的片子之一。影评界将此片称为《大独裁者》的前哨之作。

当时《从军记》的上映轰动了全国，成为第一次世界大战期间士兵最喜欢看的电影之一，他们戏谑地自称为"弗雷德·卡诺军旅"。片中搞笑的片段依然不少，如戴着防毒面具啃干酪，扮成树型冲上火线等。

卓别林的《从军记》获得巨大成功，但是卓别林拍这部片也耗费了大量的资金和时间，他需要第一国家影片公司给予相应的补贴。当时电影院的老板把影片看成是按尺码计价的商品，没有关注电影本身带来的艺术价值。他们拒绝了查理。

在这种情况下，卓别林和道格拉斯·费尔班克斯、玛丽·皮克福德组建了联合艺友影业公司。参加卓别林公司的有阿道夫·朱科尔，他是派拉蒙影片公司的创办人，他个子矮小、性情活泼。

过了不到6个月，道格拉斯和玛丽已经为新成立的公司拍片，可卓别林和第一国家影片公司还有6部片约。

这时，卓别林拍了影片《淘金记》，一如既往，《淘金记》非常成功。《淘金记》是卓别林比较钟爱的影片，这部电影在多项世界性的佳作评选中均位居前列，是一部不朽的喜剧。

该片讲的是流浪汉查理随着大批移民到阿拉斯加淘金，无意中跑到通缉犯拉森躲藏的小木屋，拉森把查理赶出小木屋。不料，暴风雪把一名身材魁梧的寻矿人吉姆吹了进来，并抢了拉森的枪。三个人饿得受不了，出去找食物。拉森出去找食物，打死了警察，夺得了雪橇和粮食。回来时，发现吉姆在开发金矿，便不再回小木屋。查理饿极了，便把皮靴煮了吃。吉姆不肯吃皮靴，幻觉中把查理当做火鸡，举枪要杀，这时，不知道从哪冒出一只熊，结果俩人协力制服了熊，饱餐后分道扬镳。

吉姆回来发现金矿被拉森所吞，拉森打昏吉姆后逃走，却不小心跌进深谷。查理来到小镇舞厅，邂逅舞女乔其亚，还帮她摆脱暴发户的骚扰。后来，查理帮富翁杰克看家，在门口又巧遇乔其亚，开心的查理邀请她除夕来吃晚饭。结果，乔其亚没来，查理则在幻梦中为她表演了一段舞蹈。被打失忆的吉姆在镇上与查理偶遇，请求查理帮他回去找金矿所在地。两人终又回到小木屋，

可是风雪把小木屋刮到了悬崖上。吉姆用绳子救起查理，小木屋落入万丈深渊，而他们一直寻找的金矿就在那里。查理与吉姆都成了富翁，坐头等舱回家，却在三等舱遇见了乔其亚。查理喜出望外，与乔其亚热情相拥。

这部影片里的查理机灵、可爱，卓别林想出了好多俏头，比如吉姆和拉森抢枪的时候，枪口一直对着查理；查理和吉姆共处一晚的那场，查理怕倒头睡觉吉姆使坏，就做了一双假脚来迷惑吉姆；查理用两把叉子和两个椭圆面包当做自己的脚，假装在跳舞，他的表情和刀叉配合得很协调，刀叉在他的手中异常灵活，还不停变换舞步，让人忍俊不禁。他的这些俏头，甚至表情成为后代人参考、模仿的对象。在这部戏中，查理最后抱得美人归，是大团圆的结局，这在他以后的作品中是没有的。

《淘金记》放映后，一下子偿还了他和道格拉斯所开公司亏欠的一百万美元的债务。

十七、《寻子遇仙记》

1917年的卓别林，事业有成，相貌英俊，风趣幽默，那蓝色的眼睛不时发出动人的光彩。工作之余，他有机会接触到许多美丽的姑娘，事实上，也有许多姑娘为他倾倒。而一直忙于工作的卓别林一直无暇顾及，转眼卓别林已经28岁了。

尽管在创业之初，卓别林是穷不堪言，但28岁的他已经成了世界闻名的明星人物，大众犹如崇拜当今摇滚乐明星般仰慕他，也许他是第一位受到如此崇拜的人。

一次，卓别林到美国电影制片商萨姆·高尔德温的别墅玩儿，结识了一个名叫米尔德里德·哈里斯的姑娘。这一年，哈里斯15岁，她是一名童星，有着一双大大的眼睛，薄薄的嘴唇，她那副对外界事物天真的表情像极了卓别林的初恋情人海蒂。一年后，29岁的卓别林与16岁的哈里斯结婚。这是卓别林的第一次婚姻。

对于哈里斯，卓别林确实被她的美貌所吸引，另外，他觉得自己到了该结婚的年龄，应该有一个家，而哈里斯做他的结婚对象似乎也很合适，他渴望一段美满的家庭生活。

婚后的卓别林，也曾觉察出哈里斯不是理想中的妻子，他认为她不够聪明，也曾怀疑她是否值得一辈子去厮守。最后，卓别

卓别林

林还是采取了积极的态度，决定好好经营这段婚姻。

哈里斯不知是不是年龄小的缘故，她始终没有进入那种状态，结了婚的她仍是一副不谙世事的样子，每当卓别林和她讨论他们的未来，她根本听不进去。

不但如此，哈里斯做事一意孤行，婚后第二天，米高梅公司要和她签一份合同，约定以五万美元的代价，邀她在一年内拍6部电影。卓别林不同意，并允诺她以后有机会一部影片就可以拿到五万元的报酬。哈里斯表面答应，可随后就签了合同。

最让卓别林恼火的是，大约过了一个月，哈里斯和米高梅公司发生纠纷，哈里斯让卓别林去谈判，卓别林没有答应。结果哈里斯就邀请米高梅公司的梅耶来家吃饭，而且是在一刻钟前通知的卓别林。这种小孩子气的做法让卓别林非常气愤。

有人说婚姻是事业的保障，可是这段仓促的婚姻带给卓别林的则是无尽的烦恼和压抑。

过了几个月，卓别林一部新的电影《阳光山村》问世，在电影事业中一向如鱼得水的卓别林体会到了拍摄的艰涩。他觉得自己的灵感忽然全没了，才思也变得枯竭。他知道，不顺心的婚姻生活干扰了他的拍摄能力，现在的他需要出去透一口气，换换思维。

卓别林选择到奥尔菲姆戏院去消遣。有一次看戏，一个小孩儿引起了卓别林的注意，这个小孩儿是跟随父亲一起上台表演的，他的父亲倒没有什么出彩之处，只是这个小孩儿，在谢幕之后，跳了几个有趣的舞步。谁知这几个舞步竟博得了满堂喝彩，在观众的欢呼中，孩子重返舞台，又跳了另一个样式的舞蹈。这个孩子就是贾克·柯根，当时才4岁。卓别林也被可爱的小家伙逗笑了，他一下子喜欢上了这个表情丰富、举止有趣的小孩儿。贾克·柯根给卓别林留下了深刻的印象。

一个星期后，卓别林又想起了这个小孩儿，于是他向朋友说起了在奥尔菲姆戏院，遇到的这个精灵古怪的小孩儿，朋友告诉他，贾克·柯根已经被罗斯科·阿巴克尔邀去拍一部电影，并且已经签了合同。卓别林恍然大悟，自己怎么没想到呢？流浪汉和小孩儿在一起，一定很有趣。他的大脑马上高速运转，许多奇思妙想开始在他的大脑萌芽。他设想他和贾克·柯根在一起的一个个有趣的场景。后来，卓别林突然醒悟过来，自己这么想，已没什么用，贾克·柯根已经跟别人签约了，他晚了一步。

正沮丧时，公司宣传员卡莱尔·罗宾逊神情激动地跑来，告诉卓别林："跟阿巴克尔签订合同的不是小贾克·柯根，是他的爸爸老贾克·柯根啊！"一听到这个消息，卓别林兴奋起来，他让罗宾逊把贾克·柯根的爸爸找来，不过先不要提这件事儿，最后，宣传员把老贾克·柯根找来了。当卓别林把要与这个小家伙拍戏的事儿告诉孩子的父亲后，他父亲欢快地说："你尽管把这个小坏蛋留下来好啦。"

卓别林认为，每个小孩儿都或多或少具有一点儿天分，问题在于你如何想办法使他们将其表现出来。贾克·柯根没有让卓别林失望，他能够使情感配合动作，也能够使动作配合情感，他的表演自然且讨人喜欢。

他们准备拍的新片是《寻子遇仙记》，故事讲述的是：一名贫苦的女人把孩子丢弃在有钱人住宅门口的汽车上，结果车子被偷，婴儿被扔在垃圾箱旁。夏尔洛经过此地，他把婴儿抱了起来，发现无人认领孩子，他就把孩子抱回家抚养。夏尔洛是个贫穷的玻

卓别林

璃匠，但即使在最穷的日子他也没有抛弃这个孩子，而是想尽办法，给孩子弄吃的、穿的。孩子5岁后，夏尔洛带他出去干活。孩子负责砸人家玻璃，然后就溜掉。此时，夏尔洛装作刚好路过，玻璃坏掉的人家就自然找他来装。后来，国家的慈善机构要把小孩送进育婴院，夏尔洛舍不得，就追上飞跑的卡车，把孩子抱入怀中。夏尔洛不能回到原来的住处，就带着小孩儿到夜店投宿。这时，小孩儿的母亲已经成为了大明星，正悬赏找回她的孩子。有人为了钱把孩子偷走送还给孩子的母亲。夏尔洛做了一个梦，梦中来到了天堂。夏尔洛一觉醒来，看到孩子和孩子的母亲都在他的身旁，他找到了自己的幸福。

这是一部非常精彩的电影。流浪汉和弃儿的故事既幽默，又感人至深。它的播映取得了巨大的成功，最终有50个国家上映，它还在1978年巴西《标题》杂志评选的100部最佳影片中名列67。

卓别林在这部电影中的表现依旧可圈可点。他扮演的流浪汉，总是能苦中取乐，他在被单中间剪了个窟窿，晚上睡觉当被，白天穿着当睡衣。他给人家装玻璃后，小孩儿发现了他，跟在他身后，流浪汉怕别人发现端倪，不停用腿轻轻将小孩儿踢开。这幕戏让人为流浪汉的自作聪明感到滑稽可笑，又能感觉到小孩儿对流浪汉的深深依恋。影片中，卓别林把流浪汉对弃儿的爱刻画得入木三分，催人泪下。当孩子被抱上卡车的一刹那，流浪汉拼了命地阻止，孩子无助地伸出小手，喊："爸爸！爸爸！"孩子有病发烧，流浪汉又一刻不离身边的照顾。

贾克·柯根的表演也是精彩极了，他能够根据卓别林的指导恰到好处地把人物的思想感情表达出来。大卫·罗宾逊这样看待贾

克·柯根扮演的孤儿的意义："贾克饰演的角色之所以在全球引起巨大反响，部分原因是由于他能充当近期产生的全体战争孤儿的代表，正像卓别林曾经做过的一样，贾克·柯根为世界提供了所需要的东西。"

《寻子遇仙记》将深沉的悲剧氛围、强烈的乐观主义精神融为一体。弃儿到处被拒绝，揭示了社会对孤儿的冷漠。卓别林始终没有忘记小时候自己和哥哥在孤儿院所经历的心酸，所以他在这部戏中对弃儿表现出了深深地疼爱，他自制了一个粗糙的摇篮，把婴儿悬挂了起来，又用一只破壶当婴儿的奶瓶，他还亲亲婴儿的脚丫。一个自己吃穿都顾不上的流浪汉却无私地把爱给了一个素不相识的弃儿。

孩子长大后，他每天都要检查孩子的卫生，保证孩子能吃上热乎乎的饭。有一次，孩子被大孩子欺负，流浪汉拼了命地保护孩子。保护孩子这场戏中，卓别林加了不少俏头。本来，他想阻止两个孩子的打架，后来他看自家的孩子占了上风，就不去阻止了，和旁边的人一起看起了热闹。

贾克·柯根和流浪汉相依为命，在影片中，他表现出了穷人家的孩子早当家，帮流浪汉做些力所能及的事，对别的小孩儿的玩具流露出羡慕又渴望的神情，得到后又宝贝得不得了。他在流浪汉的调教下，反应极快，当警察发现他做坏事后，他还会声东击西，偷偷溜掉。

孩子与流浪汉的感情日渐加深，他们都能为了彼此，不顾自身的安危。胆小的流浪汉为了孩子竟然能够窜上车顶，企图救出孩子。一位电影评论家这样说："至少就我而言，为《寻子遇仙记》中弃儿掉的滴滴泪较之观赏歌剧时的泪如雨下更富于感情

卓别林

……我看查理的电影时正是悲喜交集,而我之所以笑,完全是为了避免哭泣,这样的笑是极不寻常的。"大卫·罗宾逊则把卓别林拼命救孩子的一场戏称作是"影片中最不同凡响的一场戏,也是电影史上最令人难以忘怀的场景之一"。

《寻子遇仙记》的幕后还有一个有趣儿的故事。有一场戏是:两个贫民习艺所的人要把弃儿抱走,这时按剧情的要求,弃儿要伤心地号啕大哭。可是当时贾克·柯根进入不了状态,哭不出来,卓别林就给他讲各种伤心故事,结果这招儿对贾克·柯根完全不起作用。此时,老贾克·柯根和别的公司的合同已经期满,就到卓别林的电影制片厂陪儿子。看到这种情形,他对卓别林说:"让我试试。"卓别林不忍心看着父亲想办法弄哭儿子的情形,就回到了他的化妆室,结果他在化妆室刚待了一会儿,就听到贾克·柯根伤心地哭了起来。老贾克·柯根跟卓别林说:"他准备好了。"卓别林问:"你是怎么把他弄哭的啊?"老贾克·柯根说:"我跟他说,如果你不哭,我就把你从制片厂带走,真把你送到习艺所去。"卓别林转过身,心疼地把孩子搂在怀里,说:"别怕,他们不会把你带走的。"结果贾克·柯根小声说:"我知道,爸爸是哄我的。"

在这部影片里,虽然有很多喜剧因素,但最感动观众的还是影片蕴涵的情感上的吸引力,这对特殊的父子之情深深震撼了观看电影的人的心弦。把纯闹剧与感情剧相结合,是这部戏的创新之举,所以这部片子亦是大师的又一经典之作。

电影拍完了,回到家里,卓别林又要面对和米尔德里德的感情问题了。卓别林和米尔德里德曾经有过一个孩子,可是这个不幸的小孩儿仅活了3天,对于这个孩子的夭折,卓别林非常难过。

也许是因为这个孩子的原因吧，卓别林对米尔德里德有了些感情，但两人终究是无法调和的。1920年4月，米尔德里德开始讼请离婚，11月，两人正式离婚。至此，卓别林的第一段婚姻结束。

十八、好莱坞名人

与米尔德里德的离婚，让卓别林感到一阵轻松，在纽约散心的日子里，上流社会又向卓别林挥动了友谊之手。他们都以能够邀请到卓别林为荣。

《时尚》和《繁华世界》的编辑弗兰克·克劳宁希尔德，介绍卓别林出入些高级场所，这两个杂志的老板兼发行人孔代·纳斯特，则为卓别林举行了最豪华的宴会。

在卓别林所住的旅馆里，电话铃声不断，许多人邀请卓别林游玩或看戏。纽约是个会生活的城市，他常有夜半宴饮，各种午饭晚餐。卓别林利用休息的这段时间，已经把休闲的地方逛了个遍，他现在最想去的地方是格林尼治村。格林尼治村是纽约市的一个区，在曼哈顿南部，从二十世纪初被称为美国的波西米亚，那时以酒馆和夜总会闻名，是作家、艺人、小剧院主聚会的地方。

事实上，卓别林在格林尼治村收获也颇多。他在这里和朋友畅所欲言，他可以发表他的疑问，给他答案的可不一定是什么著名人物，可能是一名工人，一个赛拳师，一个汽车夫。有一次，他认为应该有一种词典，把抽象和具体的词分开排列，以便使使用者更容易找到精确的词语来表达。结果一个汽车夫告诉他，罗

杰特的《词典》就是这样一本书。卓别林得到了别人的帮助，如果有人遇到困难，他也是毫不保留地向人家介绍经验，他曾向其他演员推荐《解忧》这本书，帮助需要的演员解决了语言问题。

在拍戏的间隙，卓别林通过读书来丰富自己，他读过柏拉图、洛克、康德的书，也读过伯顿的《解忧》。读书，提供了卓别林需要的知识，打开了卓别林的视野，对卓别林的演艺事业起到了积极的推进作用。所以，卓别林与一些搞文学的朋友交流时，能够谈自己的想法、见解。

在格林尼治村，卓别林还会见了历史学家、小说家沃尔多·弗兰克，他的名著是《我们的美国》；诗人哈特·克兰，他最著名的长诗是《桥》；马克斯·伊斯曼，他是杂志《群众》的主编。沃尔多·弗兰克后来还和卓别林成了特别要好的朋友。有时在饭店吃饭时卓别林还能碰见演戏的演员。

在纽约的这段时间，卓别林感到特别的快乐，他可以跟朋友聊哲学、聊电影，可以参加宴会，度过一个个难忘的夜晚。可是这时卓别林必须回加州，因为他急着开始给联美公司工作，在这之前，他还要为第一国家影片公司拍完合同中规定的影片。

纽约快乐的生活使卓别林一下子无法投入到紧张的拍摄中，他没有灵感。正好，卓别林英国的朋友塞西尔·雷诺兹医生约他到圣卡塔利娜岛去钓几天鱼。

和好朋友在一起的日子是快乐的，美丽的圣卡塔利娜岛，岛上安静、古老的渔村，两个钓胜于鱼的好朋友。雷诺兹是神经外科医生，在卓别林眼里，他医术高明，能使几乎痴呆的孩子恢复健康。雷诺兹喜爱表演，他对卓别林特别赞赏，他认为演戏能够丰富人的灵魂，是一种丰富的精神体验。他甚至认为他从事神经

卓别林

外科是因为干这行具有戏剧性。卓别林给了他这个如此爱好戏剧的人一个机会，在《摩登时代》里，雷诺兹客串了探监的牧师。

生活似乎变得愈发宁静而有规律，钓鱼回来后的卓别林神清气爽，正好这时，听说哈娜的情况有所好转，他和雪尼就决定把母亲接到美丽的加州。1921年，哈娜来到加州。

航行中的哈娜还算正常，除了途中有一次错把海关人员当成了耶稣。哈娜是个欢快的人，当她得知接她来的人周到地替她准备了一柜子衣服时，高兴得像个孩子。白天的时候，哈娜来到甲板上参加举行的游戏，晚上在大餐厅里吃饭。抵达纽约时，移民局的人知道哈娜是卓别林的母亲后，连连发出惊叹，"啊，您就是大名鼎鼎的卓别林的母亲吗？"心想：这真是位值得尊敬的母亲，培养出这么优秀的儿子。而事实上，卓别林能取得这么伟大的成就，与哈娜的培养是分不开的。卓别林也没有辜负母亲，为世界人民带来这么多好看的电影，而且，雪尼和卓别林一直以来都这么孝顺。

卓别林已经10年没看到母亲了，他是多么想念他的母亲。卓别林是个感情丰富的人，尽管他现在已经是个大名鼎鼎的人物了，可是见到母亲的那一刻，他就像个小孩子一样，心里产生了震动。哈娜则是一眼就认出了雪尼和卓别林。

卓别林和雪尼为哈娜在海边租了一所平房，为哈娜雇了一对夫妇料理家务，还请了看护照顾哈娜。生活的改善没有改变哈娜什么，她对一切显得心满意足。有时，她会出去野餐，有时会到制片厂看卓别林，卓别林则会放自己演的喜剧给母亲看。

哈娜一向乐善好施，她在贫穷的时候就帮助过别人，包括她的朋友，她前夫和露易丝的孩子。现在，她的生活好了，她也想

把自己的快乐传递给别人。以前,卓别林小的时候,她们母子三人能吃得上冰淇淋,就算上最幸福的事了。现在,她有了这个经济能力,所以,在心情好的时候,她向过路人分发冰淇淋。

卓别林

十九、电影感想

《寻子遇仙记》获得了空前的成功，贾克·柯根也成为红极一时的小明星。那段时期的剪报对这部影片充满了溢美之词，有的剪报还把它评为第一流艺术品。已经取得一定成就的卓别林，对艺术渐渐有了自己的感悟。他认为：如果一个业余电影演员富有创造力，那么他只需掌握一些最简单的技术知识就行了。而对于一个艺术家来说，如果能够打破常规，完全自由地进行创作，其成绩往往会是惊人的，正是由于这个缘故，有许多导演的第一部影片都是新颖独特的。

卓别林进一步说，如果对线条、空间、组织、速度等都逐条地加以说明，这样当然很好，但是这和演技并没有多大关系，反而容易形成枯燥无味的教条。从简单处入手，永远是最好的办法。

梭罗门在《电影的观念》中曾这样谈到卓别林的技术："人们一般都认为他的技术是极简单的：他的摄影角度是明显易见的，他的拍摄工作从来不是惊人或特别的，他的剪辑只是颇为幼稚地把突出表现他的喜剧才能的少数镜头连在一起。"霍华德·劳逊也认为"卓别林出色地而又朴实无华地铸造了一种为群众服务的艺术"。

卓别林认为电影要留给观众回味的余地，那些观众已经一眼就明白，或者早已熟悉的场景，如果你一味地渲染、铺陈，观众看了会厌烦，电影也会变得沉闷难看，这不是所谓的"艺术"。

关于影片的主题，卓别林认为大场面不是问题，只要掌握一定的要领：足够的资金，形形色色的龙套，足够的服装和精致的布景（胶水和画布可以帮布景的忙）。然后导演指挥得当，千军万马的效果就可以出来。

卓别林认为，作为导演还要学会与演员沟通。必要的时候，掌握一点心理学。一名演员，即使是一名十分优秀的演员，刚到一个新的环境，往往会显得有些局促，他需要时间来适应情况。作为导演，就要保持谦虚的态度来帮助演员完成这个过渡。卓别林在这方面深有体会，有时，他明明对一切早已胸有成竹，却对演员说，他感到有点担心，不知道该怎样导这场戏，这时，演员就会反过来帮他，不知不觉，演员就更好地发挥了自己。也许这时，卓别林不小心也秀了一把自己的演技，让演员信以为真。

剧作家马克·康内力曾经和卓别林探讨，在创作剧本时，理智重要还是情感为主。关于这一点，卓别林认为情感更重要。理智可以保证拍电影不出错，可是过分理智，电影就会成为教科书，无法给观众带来精神的愉悦和美的感受。卓别林的许多电影都是以情动人。例如：卓别林创造出夏尔洛这一流浪汉的经典形象，之所以长久不衰，就是因为他是一个活生生的有感情的人，他在《马戏团》中的失恋，在《城市之光》中赢得复明姑娘的感恩之情，在《寻子遇仙记》中对弃婴的善待及不畏艰辛，追求幸福的勇气，都说明了在电影中情感的重要性。

关于舞台作风。舞台作风是戏剧性的点缀。它可能是演员的一个动作，一句对白；也可能是音响效果，比如一声炮响，一个

卓别林

玻璃砸碎的声音；还可能是舞台上突然多出的一件物品。有时候这些东西不是可有可无的点缀，它们对戏剧的主题产生重要的影响，甚至影响剧情的发展。卓别林非常强调舞台意义，他认为没有舞台意义的思想，是没有意义的。

他举了一个例子，就是他在拍摄《巴黎一妇人》时，需要拍一个序曲。那个时候，所有的影片前面都有序曲。正愁没有脚本和故事的卓别林，想起了曾经看过的一幅忧伤的彩色版画，名字叫《贝多芬奏鸣曲》，画的是一个美术家的工作室，一群放荡不羁的人闷闷不乐地坐着，在听一个人拉小提琴。卓别林因此受到启发，设计了《巴黎一妇人》的序曲。

《巴黎一妇人》是卓别林导演生涯中的一部罕见的悲剧。卓别林没有在此片中作为主演，因为他想通过这部电影扶植艾娜·卜雯斯的主角地位，他不想抢了艾娜的风头。他对这部影片是有参与的，只是镜头中的他太不引人注意了。他在片中的角色是饰演一个搬行李的脚夫，惊鸿一瞥，不看演员表甚至人们都不知道那个脚夫竟然是卓别林。故事讲述的是年轻的法国农村姑娘与约翰·米勒私订终身，但约翰的父亲极力反对，于是两人约定私奔。私奔的当晚，约翰的父亲病故，无法赶往车站，玛丽以为他变了心，便只身一人前往巴黎。几年后，玛丽做了一个富商的情妇，出入风月，放荡人生；米勒与母亲也移居巴黎，成了贫穷的画家。一天，他们在巴黎街头意外重逢，旧情复燃，米勒向玛丽求婚，玛丽应允。米勒的母亲不同意，玛丽重返富商怀抱。米勒不甘，冲动之下到舞会上去找玛丽，没有结果，米勒自杀身亡。米勒母亲伤心不已，持枪寻找玛丽，却发现玛丽正在米勒身边伤心。至此，米勒的母亲相信米勒和玛丽是真心相爱。最后，两个伤心的女人回到了乡下，收养了一群儿女，安静生活。

就是这样一部悲剧，如果你不看字幕，很难相信这是喜剧大师卓别林的作品。卓别林根据版画《贝多芬奏鸣曲》带来的灵感，设计了如下序曲。他请了一位钢琴师，小提琴演奏者，唱歌的，跳舞的，协调他们去表演。客人们，在自己的位置上，随意地喝酒，或静坐。小提琴手奏完了曲子，跳舞的跳完了舞，唱歌的唱完了歌。一个客人说要走了，另一个客人也要走了。于是大家一起散场。

舞台渐入黑暗，一束月光从一扇窗子照进来，主人下场，幕渐渐落下。

就是这样一个如版画般的序曲，透露了无法言传的伤感气氛，也暗示这部剧是一部美丽的悲剧。在这里，舞台具有重要的意义。

在卓别林的电影里或戏剧舞台里，卓别林最关注的就是平民生活，对于王室贵族，卓别林是不感兴趣的，他感兴趣的是他在为了生计奔波时，所经历的真实的生活。卓别林喜欢老戏院，也许正是在那里他受到了最初的艺术熏陶。

《寻子遇仙记》风靡一时，获得了巨大成功，这时的卓别林依然有片约。他还需要给第一国家影片公司拍4部影片。也许拍《寻子遇仙记》耗费了巨大的精力，要拍一部新片，卓别林暂时找不到灵感。在才思枯竭的情况下，卓别林到道具室去转转，希望在那里可以找到能带来灵感的东西。道具室里道具非常多，钢琴，旧布景的断片，一扇门……那是什么？一套高尔夫球棒。流浪汉是否也可以玩高尔夫球呢？

接下来，卓别林新的电影诞生了，这部新电影就是《有闲阶级》。《有闲阶级》讲述的是流浪汉想打高尔夫球，享受那种富人的乐趣。有钱人是坐火车去高尔夫场球场，流浪汉则藏在车肚里；他高尔夫球具不全，却总能阴差阳错地找到打球的工具；在化妆舞会上，他一身流浪汉的打扮，混在有钱人中间，和一个美丽的姑娘有了感情。经过一次不顺心的事件，他最终从人群中离开了，又四处流浪了。

《有闲阶级》拍完后，卓别林着手拍另一部片子。这时他把目光对准了修理水管、煤气管的工人。卓别林为这部戏想好了一些笑料，流浪汉到一个有钱人家去修理水管，被领进浴室后，立即用听诊器开始工作，他把听诊器放在地面上，去听水管动静，还夸张地在上面敲敲。

拍到这里的时候，卓别林再也拍不下去了，长期为拍电影冥思苦想，耗费了不少脑细胞。这时，卓别林疲劳之极。他想回英国，他迫切地想回去看看。他的初恋情人凯蒂还给他写了一封信，告诉卓别林她已经结婚。这时的凯蒂对于卓别林来说，就像一个老朋友一样。虽然没有了爱情，但是还有友情的成分。1921年8月22日，卓别林突然宣布停止正在拍摄的电影，5天后，他踏上了前往伦敦的航程。

二十、衣锦还乡

出发的那一天，早晨8点钟卓别林被唤醒。沐浴后的卓别林神清气爽，英国，那个卓别林度过了童年、少年的国度，现在变成了什么样子了呢。那个故乡，承载了卓别林多少往事，一想到这些，卓别林的心就激动起来。1910年，他还是一名年轻喜剧演员，随弗雷德·卡诺剧团来到美国，那时，他还是初出茅庐的小伙子；11年后，他已经拍了那么多人们喜欢看的电影，功成名就，衣锦还乡。

卓别林这次乘坐的是"奥林匹克"号，和他同行的还有《命运》剧本的作者爱德华·诺布洛克。10年前，卓别林随卡诺剧团来美国，乘坐的就是这趟轮船，但那时是二等舱。现在的卓别林乘坐了头等舱，受到了最好的款待。他的房舱里放着朋友们送来的新鲜的水果和怒放的鲜花。

出海后没几个小时，卓别林仿佛感受到了英国的气氛。每天晚上，卓别林和好朋友爱德华在房舱里享受着美好的晚餐，如果有时间，爱美的卓别林还打扮打扮自己。卓别林原以为这次回英国是轻松愉快的。谁知，由于，卓别林乘坐"奥林匹克"号回伦敦的消息已经在布告板公布出去了，因此许多人都得知了卓别林将要前往伦敦的消息。在横渡大西洋的途中，许多邀请卓别林的电报如雪片般飞来。托马斯·利弗兰在《喜剧世界》中说："1912年，卓别林在伦敦作短暂访问期间，收到了73000多封影迷的来信，这显示了这位昔日伦敦东区少年，在好莱坞所取得的成就，深受大众的欢迎和欣赏。这位贫民窟里长大的孩子迅速成了百万富翁，并且与爱因斯坦、托斯卡尼尼、周恩来、科克托、丘吉尔、萨特、毕加索、甘地等世界名人有交往。他去世后留下的家产超过5亿英镑。"

"奥林匹克"号的布告板上，转载了《联合新闻》和《电讯晨报》的报道。其中一条是："卓别林衣锦还乡！从南安普敦到伦敦，沿途将重现罗马凯旋盛况。"还有一条报道是："'奥林匹克'号今晚将在浓雾中泊靠南安普敦，已有大队影迷聚集该地，前往欢迎这位矮小的喜剧演员。警局人员为此正忙于作出安排，在码头及市长欢迎查理的典礼上维持秩序……一如以往，举行胜利游行时报纸将报道：在什么地点可以最清楚地一睹卓别林的风采。"

卓别林也未曾料到他会受到如此盛大的欢迎。对于人们的热情，卓别林很谦虚，他认为：虽然那是令人兴奋的特殊礼遇，但是我却宁愿将这次回国推迟一个时期，等到我认为是更配受这样待遇的时候再回去。

卓别林此次回国的目的是再回到儿时熟悉的地方去看一看，看看熟悉的肯宁顿和布里克斯顿，看看伯纳尔弄三号的那扇窗子，瞧一瞧自己同露易丝和父亲一起住的肯宁顿路二百八十七号二楼的窗子。虽然在美国卓别林住豪宅，吃美味，但是那些曾经伴随他成长的地方他无法忘记，因为这些地方已经在他内心生根、发芽。

船抵达瑟堡后，许多新闻记者涌了上来，询问各种各样的问题。"这次来英国有什么任务吗?""打算去访问爱尔兰吗?"

随着卓别林抵达目的地的临近,报纸上的标题也在更新:

喜剧演员归国盛况不亚于停战纪念日。

伦敦家家户户谈卓别林来访。

卓别林抵达伦敦将受到盛大欢迎。看哪,我们的儿子——人们把心目中最美的词汇献给了卓别林。

卓别林是英国的骄傲,伦敦的骄傲。

伦敦对卓别林的热情时至今日仍没有减退,在伦敦的市中心的莱斯特广场有个卓别林铜像。莱斯特广场在许多名著中都提到过,比如《名利场》。狄更斯小说中也经常提到。莱斯特广场不大,在广场的中心一侧,卓别林铜像屹立在那里,铜像是卓别林电影中那个经典的流浪汉形象。卓别林铜像下面是介绍他的生平一些简要的文字,英国人对他的称呼是喜剧大师、著名导演和制片商。铜像下边还标有卓别林的生卒月,他的主要人生经历,他的伟大作品,如《城市之光》《摩登时代》《大独裁者》等。

在英国的其他地方,依然有许多街头艺人在表演,卓别林流浪汉的形象依然有人在模仿。

当然,这都是若干年以后事情了。

下面,让我们再把时间回到1921年8月,卓别林重返故里的日子。那天,卓别林一踏上码头,就受到了南安普敦市长的热烈欢迎,然后匆忙上了火车。现在卓别林终于向伦敦进发了!

事实上,在转乘火车去往伦敦的路上,人民兴高采烈地聚集在沿途车站,虔诚地等候卓别林的经过,伦敦车站更是挤满了兴奋的、欢迎卓别林的人群。

卓别林此时正在车上欣赏外面的绿色田野,这时他的朋友阿

卓别林

瑟突然说了一句话："你知道吗？海蒂去世了。"这个消息让卓别林心里一沉，本来这次回去他要拜访海蒂，甚至海蒂是卓别林唯一要拜访的故人。在他来的前几天，还收到海蒂结婚的消息。这一切，太突然了。

卓别林压抑着内心的悲痛，火车依然缓缓前行。

火车终于进站了，滑铁卢火车站。只见火车里挤满了成百上千的人，警察艰难地维持着秩序，当卓别林下车的一刹那，人群里传出兴奋的欢呼声："他来了！""瞧，那是他吗？""卓别林！""查理，好样的！"被绳子拦住的人不停向前拥挤，只是想离卓别林再近些。微风吹起卓别林熨烫服帖笔直风衣的一角，卓别林脱下礼帽，绅士地朝大家挥手致意。他亲切的笑容，闪亮的蓝色眼睛，让人们看到了电影之外的卓别林有着多么迷人的风采。

最后，他被推进了一辆轿车，人们望着心中的偶像的轿车渐行渐远。在车里，卓别林没有忘记嘱咐司机，一定要走威斯敏斯特桥。汽车驶出了滑铁卢火车站，经过约克路，卓别林注意到那些旧的房屋已经不见了，原先的地方已经建起了新的大厦，那就是伦敦郡会议大厦。但是，汽车一拐过约克路，威斯敏斯特大桥就像云层中射出的阳光那样突然呈现在卓别林的面前，它完全和从前一样。卓别林仿佛一下子回到了小时候，仿佛看到了一个衣衫破旧、内心却充满梦想的少年在桥上穿梭。威斯敏斯特大桥也像欢迎老朋友一样，清晰地出现在卓别林的面前。此情此景，卓别林激动得都要哭了。

卓别林选择了里茨旅馆，因为卓别林还是小孩儿的时候，它刚刚落成，卓别林一直好奇这个旅馆里面是什么样子。到达旅馆后，卓别林迫切想去童年时代去过的地方看一看。为了躲避人群，

卓别林常常从下榻旅馆的后门悄悄溜出去。卓别林沿着杰明街一路走过去，雇了一辆出租车，经过了干草市场，穿过特拉法加广场，再沿着国会街驶过威斯敏斯特桥。

汽车拐了一个弯，肯宁顿路到了！十多年过去了，肯宁顿路竟然一点变化都没有，布鲁克街拐角的巨蛊酒店还在！卓别林像个孩子似的，兴奋极了。

卓别林去了伯纳尔弄三号，他远远地望着自己和母亲曾住过的那个窗口，想起了往事，那时母亲是怎样饿得发了疯，怎样被送进疯人院。现在，那两扇窗紧紧地关着，尘封着一段往事。卓别林走了过去，看着进进出出的小孩儿，当初他也和这些小孩儿差不多大，望着小孩儿们的惊奇眼神，卓别林一时感慨万千。32岁的卓别林的世界，已和10多年前那个贫穷的少年的世界发生了翻天覆地的变化。

卓别林来到肯宁顿路的后边，在这里曾经有一群劈柴人住的马房巷，卓别林曾经在暖暖的午后，和他们聊天，借以打发放学后的时光。现在这些马房巷已经被一堵砖墙围起来，那些人也不知道去哪里了。他一直尊敬这些与贫穷搏斗却乐观的人，他们曾经给少年的卓别林以真切的关怀和温暖。不过现在卓别林已经很难再跟这群人见面，他的圈子里都是闻名的政客、演员和作家。

最后，卓别林来到肯宁顿路二百八十七号，这个地方是哪里呢？这个地方就是当年卓别林和雪尼、老查尔斯、还有露易丝及她的孩子住过的地方。卓别林是爱他的父亲的，尽管父子在一起的时间是如此短暂，却也无法割断血脉亲情。那幢房子还在，此刻卓别林凝望二楼的窗口，这里记载着卓别林童年中贫苦的日子。露易丝当年动不动发脾气，曾经有一次让小卓别林在外边逗留

卓别林

了好久，直到醉醺醺的老查尔斯把年幼的儿子领回家。那心酸的记忆，怎能轻易忘去。现在，老查尔斯去世了，露易丝也不在了，那个和卓别林同父异母的兄弟也不知飘落何方。一切已经物是人非。真是熟悉的场景，陌生的城市。停留了一会儿，卓别林默默地离开了。

有意思的是，卓别林以前在肯宁顿公园附近的邮局存的60镑，至今还在那里存着，那是卓别林省吃俭用攒下的钱。

肯宁顿公园，卓别林曾经在多少个无聊的下午，或烦恼的晚上都来此散步。这里还是他和海蒂第一次约会的地方，此时，伊人已去。电车上人来人往，终究没有跳下来那个倔强的16岁女孩。

卓别林又来到布利克斯顿路，这里曾是雪尼和卓别林刚刚有钱的时候布置的那套房。那时这里是哥俩儿出外演出休息的场所，哥俩把这里布置得温馨、舒适。现在哥哥已经结婚了，幸福地生活着，卓别林多次进出情场，只是还是一个人。

一路地访问故地，卓别林累了，他来到一家酒馆，点了一杯酒。这家酒馆叫号角酒馆。卓别林之所以选择这家酒馆，是因为在这家酒馆的大厅里，一些朋友曾为老查尔斯举行最后一次义演。那时，这家酒馆陈设华丽，红木柜台擦得闪闪发亮，镜子也总是一尘不染。现在酒馆虽然没有那时那么新，却也干净、温馨，服务齐全。想当年，老查尔斯总是在演完戏后，到酒馆小酌几杯，有个几岁的小男孩，在无家可归的时候，一家一家酒馆地寻找着自己的父亲。而这个男孩现在却能买得起肯宁顿路上最贵的酒馆。

卓别林在肯宁顿路上散步，从前遭遇的一切就像一场梦。

这次卓别林回来，除了看一下自己居住过的地方，还应邀参

加了一些活动。比如他在自己的旅馆外，发表了简短的讲话。他还约伦敦的好莱坞朋友见面，他期望看到一些新面孔，获得一些新经验。于是他来到加里克俱乐部，一个光线朦胧、静谧的地方，油画和橡木墙构成了俱乐部里的装饰，在这种宜人的氛围里，卓别林会见了詹姆斯·巴里爵士，他是苏格兰剧作家、小说家，他一生为孩子们写了许多童话故事和童话剧，代表作是《彼得·潘》，影响颇大。E·V·卢卡斯，他是英国作家、文艺批评家，他是兰姆之后，英国散文卓有成就的传人。沃尔特·哈克特，他是美国剧作家，曾写过许多电影剧本。乔治·詹姆斯·弗兰普顿，他是英国雕塑家，他最著名的作品之一是巴里小说中人物彼得·潘的塑像。埃德温·L·勒琴斯，他是英国建筑师、画家，他设计过米德兰银行大厦。斯夸尔·班克罗夫特，他是英国演员、戏院经理、作家。伦敦加里克俱乐部是个著名的俱乐部，成立于1831年，原为赞助演剧而设，后成为文人和艺术家聚会的地方。

加里克俱乐部的聚会很沉闷，因为那个主要的客人执拗地不肯在餐后发表讲话，大家也不太积极交谈，多数人只顾低头吃着清煮火腿和糖浆布丁。但有意思的是卓别林在一次讲话中无意中说这次重返英国要去童年呆的那些地方看看，再尝一尝糖浆布丁。结果每次卓别林接受大伙儿招待时，都少不了上糖浆布丁。

宴会散了，卓别林受邀到巴里爵士的寓所喝茶。巴里寓所像个画室，屋子很大，向外望去是景色优美的泰晤士河。屋子当中装了一个火炉，烟囱管一直伸到了天花板。卓别林告诉巴里，《彼得·潘》拍成了电影，甚至会比戏更受欢迎。巴里同意这种说法，接着他问卓别林，为什么要在《寻子遇仙记》里插进做梦的一段。卓别林幽默地说：他是受了《吻一吻灰姑娘》的启发。

卓别林

《吻一吻灰姑娘》是詹姆斯·巴里爵士所写的一部3幕剧。

第二天，爱德华·诺布洛克建议卓别林去拜访一下萧伯纳。萧伯纳是爱尔兰剧作家。1925年"因为作品具有理想主义和人道主义"而获得诺贝尔奖，他是英国现代杰出的现实主义戏剧作家，是世界著名的擅长幽默与讽刺的语言大师。卓别林对萧伯纳也是景仰已久，然而此时说要与这位伟大的语言大师见面，他却踌躇起来，也许他还没准备好。所以，到了萧伯纳家门口，卓别林离开了，直到1931年，卓别林终于有机会见到了萧伯纳。

有一天，卓别林正在旅馆待着，一阵电话铃声响起，原来是威尔士亲王要见卓别林。威尔士亲王1936年登基，即后来因迎娶辛普森夫人而逊位的爱德华八世。卓别林听到这个消息，既激动又不敢相信。因为与威尔士亲王会面意味着要在白金汉宫和亲王一同进餐！

这以后，卓别林还会见了威尔斯，并和他探讨了电影；见了丽贝卡·韦斯特，英国小说家、政治家。

过了一段时间，卓别林的外出活动逐渐减少，他已经会见了一些名流，也重游了故地，好像也没有别的事情可做了。凭着意犹未尽的兴致，卓别林又启程去了巴黎。

这次出行，卓别林没有发出公告。可是，卓别林将要到巴黎的消息还是透露了出去。人们一看到卓别林，立刻欢呼雀跃起来，他们高喊着："夏尔洛万岁！"拥挤的人群一点也不比伦敦少，卓别林友好地向那些激动的人群挥手致意。

卓别林下榻的旅馆是克拉里奇旅馆。自从卓别林进屋，电话铃声每十分钟就要响一次，卓别林已经疲惫至极，所以秘书想方设法推辞了一些邀请。后来，有一个电话，秘书特意转过来告诉

卓别林，这次他最好不要推脱。因为这次要见的人是财阀摩根的女儿安妮·摩根小姐。

安妮·摩根小姐是有备而来，她想请卓别林在放映《寻子遇仙记》时出场，借此为重建战时遭到破坏的法国募捐。

对于摩根小姐有点自作主张的做法，卓别林不太喜欢。后来含混地对摩根小姐说了一句："明天我要去柏林3天，所以，有什么事您可以通知我。"

由于这时的卓别林在世界各地都声名鹊起，所以各个国家上流的人物都争相与之交往。他来到巴黎后，在下榻的克拉里旅馆与乔治·卡庞蒂埃会面了。乔治·卡庞蒂埃是法国拳击选手，1920年赢得轻重量级拳击比赛世界冠军。这次见面，这位拳击选手给卓别林介绍了一位新朋友，他就是菲利普·沙逊爵士，从此开始了卓别林和这位爵士30年的友谊。这天晚上，卓别林愉快地同拳击选手、爵士及其妹妹共进了一顿快乐的晚餐。

第二天，卓别林前往德国柏林，柏林此时还没放映卓别林的影片，所以没有遇到在伦敦和巴黎遇到的情形。卓别林去了夜总会，大家对他很漠然，主要是不认识。后来，德国影星波拉·内阁里邀请卓别林坐过去，大家才渐渐注意他。

柏林此时满目凄凉。因为德国刚刚战败，悲哀的气氛笼罩着一切。这时卓别林收到一封电报："来此定可授勋，已为此事筹划安排，并经过了一番周折——安妮·摩根。"

义演地点选在特罗卡德罗。那天卓别林得到的不是授勋，而是给学校教师的那种勋章。但是卓别林已经非常高兴。安妮·摩根作为答谢，邀请卓别林到凡尔赛特里亚农别墅用餐。这次用餐卓别林又一次见到了一些名流，如希腊乔治亲王、塔莱朗·佩里格尔

侯爵夫人、保罗·路易思·韦勒司令。

　　过了一天,卓别林又陆续参加了一些宴会。在这些人中,卓别林印象最深的是菲利普·沙逊爵士。大战中,爵士曾任劳合·乔治的秘书。他是一个风趣幽默的人,形象俊美。另外,爵士也是烹饪好手,他也很会照顾人。他邀请卓别林去他家,给卓别林提供了一个良好的休息环境。卓别林恢复精力后,菲利普爵士请卓别林去布赖顿的一所医院,探望那些在大战中患了大脑性麻痹不治之症的伤员。有些伤员的样子很可怕,菲利普爵士还是去看了。卓别林也对这些伤员进行了慰问。

　　在会见了剑桥大学教授、卡诺同事、表兄奥布里等人后,卓别林决定回美国了。虽然对英国有点不舍,但美国有卓别林正在做的事业。再说,卓别林这次已经完成了自己内心的夙愿,也没什么可遗憾的了。打点行囊,1921年10月,卓别林踏上了返回美国的征程。

二十一、哈娜离世

回到美国后不久，卓别林去探望了母亲。哈娜精神很好，别人已经把卓别林在伦敦受到的热烈欢迎告诉了她。尽管卓别林已经30出头了，他在母亲面前还像个孩子。他调皮地问母亲："听说有关你儿子的这些无聊事儿，你有什么想法？"

"太好啦，可是，你为什么不做一些切切实实的事情，却要过演戏这种空虚的生活呀。"哈娜说，"要是你能够用自己的才能去侍奉上帝，你该能拯救多少灵魂。"因为哈娜一直信仰基督教，经历过种种磨难的她更是把基督教当做一种寄托。

卓别林很少和母亲谈自己的感情生活，但是哪有母亲不关心儿子的呢？有一次，哈娜无意中说："你为什么不摆脱掉所有这些烦恼呢？"哈娜在这里指的是卓别林在第二次婚姻中遇到的烦恼。

卓别林第二任妻子叫丽塔·格雷。1921年，卓别林拍摄《寻子遇仙记》时第一次遇到她。3年后，35岁的卓别林拍摄《淘金记》时再次遇到丽塔·格雷，同年，卓别林娶了格雷为妻子，这一年，格雷16岁。随着卓别林的走红，他的剧照还被登在1925年7月6日的《时代》周刊上，他还是第一个登上《时代》周刊的演员。

卓别林

卓别林和丽塔·格雷生了两个孩子，卓别林给他们分别取名查理和雪尼，由此也可以看出卓别林和哥哥雪尼的感情有多深。哈娜常常到卓别林的贝弗利山庄来看这两个孩子。那时，查理刚刚造好了房子，他请了管家、仆人来帮他照顾家。哈娜常常满足地在花园里散步，她为卓别林骄傲。她还告诉卓别林要注意身体。

此后的两年，哈娜身体一直不错。后来，卓别林拍摄《马戏团》时，来人告诉卓别林哈娜的病加重了，心脏已经衰弱。卓别林来到医院时，哈娜刚服了止痛药，已经进入半昏迷状态，她无力地捏着卓别林的手，想坐起来，却痛得睡了过去。卓别林伤心地握着母亲的手，一遍遍地说："妈妈，查理来看你来了。"

第二天，卓别林离开去片场拍电影，突然传来消息，哈娜去世了。卓别林停止了工作，卸了妆，来到医院。

虽然早知哈娜的病情严重，去世也是意料之中的事，但是，卓别林还是难掩悲痛。那个哺育了雪尼、卓别林的哈娜走了。她身躯瘦小，却有着极其乐观的性格。在身处困境的日子里，她是鼓舞两个孩子同困苦的生活做斗争。她对卓别林的表演有着不可忽视的作用，她教卓别林基本的表演技巧。后来卓别林追忆母亲时，曾动情地说："如若没有母亲的培育，我怀疑我能否在哑剧表演艺术上功成名就。她是我曾经见过的最出类拔萃的哑剧表演艺术家。"哈娜去世时，脸上还有着痛苦的表情，可能是她舍不得离开，舍不得离开心爱的儿子、可爱的孙子，她还想为自己的孩子操心。她去世的地方在好莱坞，这里离她的兰贝斯有七千英里远。若不是因为卓别林，她可能一辈子都不会来这里。看着哈娜仿佛不安地睡去，卓别林不禁回忆起母亲艰辛的一生，他终于抑制不住，悲伤地哭起来。

在卓别林眼里，母亲的形象是高贵的，善良和同情是她突出的美德。她是虔诚的基督教徒，她对罪人又充满同情。她对儿子们一直注重品格和礼仪的培养，即使卓别林和雪尼是从困苦日子走出来的出色演员，但他们身上并没有粗鄙，相反，他们具有绅士风度。这一切，哈娜功不可没。卓别林对母亲的爱无法用语言来形容，他不忍心将母亲火化，而是把她葬在了绿色的大地上。

虽然母亲的离世让卓别林伤心不已，但敬业的他还是在不久之后便投入到《马戏团》的拍摄。《马戏团》是卓别林纯搞笑的一部电影，他讲的是流浪汉夏尔洛在游园会里被一个小偷陷害，结果让警察追到了马戏团里。马戏团的演出被突如其来的情况打乱了，不明真相的群众以为这是马戏团安排的表演，竟喜欢上了这个节目。马戏团的老板见此，就把流浪汉留了下来。流浪汉爱上了老板的女儿，但老板的女儿却爱走钢丝的男演员。流浪汉为了爱人独自离开了。

《马戏团》内容活泼，看了让人捧腹。本片对卓别林所谓的"老派特质"提出评论。1927年无法引起人们共鸣的把戏，在十年前则是招牌。在这部影片中饰演小丑的亨利·伯格曼是与卓别林合作数十年的演员。他扮演的人物代表的是传统风格鲜明的喜剧价值观，卓别林代表的是比较自然的喜剧，事实上也是卓别林的一种喜剧观。即喜剧会夸大，但也真实。这其实是部具有真实感的电影。卓别林的搞笑能带出故事的情节或角色的特性，他不会为了搞笑而搞笑。流浪汉在马戏团中饱受欺凌，片中的动物常常让他躲闪不及。他在这部电影里也会有打闹的情节，但拍得流畅、自然，不拖泥带水。

卓别林和魔术桌的那场戏让人忍俊不禁，那是卓别林精心编

卓别林

排的一个桥段。流浪汉总是弄巧成拙，本来魔术还没开始，结果魔术桌里的东西不受控制，纷纷跑了出来。卓别林想把那些小动物塞进魔术桌，谁知，他根本就控制不了它们。针对那个时代的社会及习俗做出嘲讽，很容易过气和世俗。但是卓别林这部影片却拍得清新、自然，妙趣横生。

《马戏团》中的流浪汉为了讨马戏团老板女儿的喜欢，决定练习走钢索，他自信如果钢索走得好，就会取代老板女儿男朋友的地位。女孩儿看见他练钢索，惊讶地说："为什么？你会摔死的。"流浪汉却坚持一定要走。谁知表演那天，出了状况。流浪汉面临的不仅仅是如何在钢索上保持平衡，还要对付前来捣乱的马戏团的动物们。马戏团的猴子抱住他的头，扯下他外面的裤子。看来，流浪汉要出丑了。可是，流浪汉竟然驱走了那些猴子，一个翻身，握住钢索，他攀上了另一条钢索上的自行车，飞速地骑了出去，自行车太快了，流浪汉一直骑到一家小店内，才停了下来。这段表演对于非杂技演员来说，难度颇大，在惊险的走钢丝中还能把大伙儿都逗笑，这个世界上恐怕只有卓别林才能做到。

二十二、《淘金记》的灵感

现在卓别林正在继续履行他与第一国家公司订立的合同。他与该影片公司合作的不太开心,该公司目光短浅,给他造成了诸多麻烦,卓别林急于离开。要离开第一国家公司,卓别林还有3部片约。卓别林的许多电影涉及的都是严肃的主题,但却用了喜剧的手法加以处理。

卓别林首先拍的是《发薪的日子》,第二部影片是《朝圣者》(又名《漫游者》)。由于《寻子遇仙记》打破了卖座纪录,卓别林对《朝圣者》提出的条件被第一国家电影公司接受了,那就是:这部电影当做两部电影计算。这样卓别林终于完成了任务,他可以为联美公司工作了。

现在卓别林决定为联美公司拍摄一部喜剧片,而且要比《寻子遇仙记》更成功。他老是对自己说:"下一部影片一定要成为一部史诗!一部最伟大的史诗!"接连几个星期,卓别林又陷入了对电影题材的冥思苦想中。决心已经下了,可是一下子又想不出适合的主题。

卓别林的每部电影都有着独特的灵感。电影在拍摄过程中及幕后又有许多有趣的故事。这里仅以《淘金记》为例,来说明卓

卓 别 林

别林的灵感乍现的过程及幕后的故事。一次,卓别林去范朋克家里度周末,吃过早饭后卓别林和道格拉斯边闲谈边欣赏几幅立体风景照片。有几张照片照的是阿拉斯加和克朗代克河的风景,还有一张拍的是奇尔库特山口,奇尔库特山口位置在加拿大育空河流域西南和阿拉斯加东南沿海群山中。在照片上,一个勘探金矿的人,正在攀越冰冻的山峦,图片背面还印了一段话,说明这些人如何在艰苦环境中克服困难。本来这只是一幅简单的图片,卓别林却再次从最不起眼的题目找到了灵感,接着卓别林脑海里涌现出了故事的大概轮廓和搞笑的俏头。该影片后来成为他的知名作品之一——《淘金记》。

在《淘金记》中,夏尔洛啃吃他的鞋子。此时鞋子在他的眼里变成了美味,他津津有味地咀嚼着,这足以让人感到忍俊不禁。而实际上,这只能吃的鞋子是用洋干草做的。卓别林的这一灵感来自他看过的一本书,书上讲的是唐纳移民队去加州时怎样迷了路,被大雪困在内华达群山中。在极度饥饿中,有人就拿鹿皮鞋充饥。

演起戏来的卓别林,会立刻随着角色的需要而加以形象和肢体的变换。流浪汉受到伤害时的无助,虚荣心得到别人认可时眼神的灵动和光彩,充满爱心时眼神中被赋予的温情,完全让观众忘记了这是一个伟大的演员在表演,却认为眼前的这个人就是一个真正的流浪汉,这也是卓别林的魅力所在。

卓别林的喜剧主人公夏尔洛每次都能化险为夷,但生活中却不是这样的,所以卓别林希望嘲笑是一种反抗的态度。每到无可奈何的时候,我们就必须用嘲笑的态度去反抗自然的力量,否则我们就会发疯。卓别林的喜剧往往给人一种寄托,给人一种对未

来生活的希望。

　　《淘金记》在纽约河滨戏院上映，卓别林去主持首映典礼。典礼非常成功，观众掌声不断。后来联美公司的销售经理海勒姆·艾布拉姆斯过来和卓别林拥抱，祝贺卓别林影片成功，并说："查理，我保证这部影片可以至少卖六百万。"结果这部影片真的卖了六百万。

　　就是在拍《淘金记》时，卓别林第二次结婚。可惜这次婚姻也并没有持续太长时间，两年后，卓别林和丽塔离婚。这次婚姻给卓别林的打击不是特别大，但这段时间他还是处于低潮期。不过，尽管离婚了，卓别林和两个儿子的感情还是特别好，卓别林非常爱他们。

二十三、与名流的交往

拍《淘金记》，卓别林消耗了大量的体力，以至于首映结束后，卓别林累得病倒了。经过检查，卓别林没什么病，只是有点神经衰弱。医生说，可能是因为天气热的原因。后来，卓别林到海边去疗养。有一天，卓别林听到一声尖叫，一个人掉下水了，救生员把他救起来，放到卓别林窗口进行急救，但为时已晚。救护车刚把这个送走，卓别林又听到一声尖叫，原来又送来两个人，正在进行急救。本来就神经衰弱的卓别林实在受不了这样的惊扰，思前想去，还是决定回纽约。

回到贝弗利山庄，有人给卓别林送来了一封信，邀请卓别林前去赴宴，并见一见格特鲁德·斯坦小姐。这位女士是旅居法国的美国女作家，欧美人把她视为对20世纪西方文学产生重要影响的人物。作品有《地理与戏剧》、小说《露西·丘奇温厚地》、歌剧脚本《三幕剧中四圣人》。

午餐时，卓别林有机会坐在格特鲁德旁边，两人谈到了艺术。格特鲁德对电影发表了一套见解："它们太陈腐了，并且，太复杂和牵强了。"在一部电影里，这位女作家认为不必要有那么复杂的情节，一切直来直去，这让卓别林想起来这位女作家的诗，

"玫瑰是玫瑰是玫瑰"。显然，格特鲁德的这种思维在喜剧里是行不通的，喜剧就要求出其不意的效果，如果在影片的一开始就知道了它的结局，估计这样的电影，是没有人去看的。

格特鲁德的作品风格就是这样，她的作品永远不会为迎合大众而存在，她的创作彰显出来的独特思想和变革意识，甚至遮盖了她作品表现的主题。所以，她的作品没有她本人影响大。

格特鲁德与卓别林的风格不一样。这不但表现在他们的作品里，在这次聚餐中一件小事也足以说明。卓别林在喝咖啡，不小心把咖啡打翻了，卓别林感到不好意思，弄脏了美丽的比利时台布。巧的是，格特鲁德不下心也弄翻了咖啡杯，只听，她喃喃道："幸亏它没泼在我的衣服上。"

约翰·梅斯费尔德来参观卓别林的制片厂。约翰先生是英国桂冠诗人、剧作家、小说家。他身材高大，和蔼可亲，卓别林见到他很高兴，当即背诵了一首自己喜欢的小诗。

玛丽昂·戴维斯是好莱坞的一名美丽的影星。少女时期，曾当过画家的模特儿，她的肖像成为许多刊物的封面，她还拍过许多广告。有声电影兴起后，由于她无法克服语言上的障碍，演艺事业开始衰落。

有一次，卓别林的朋友埃莉诺·格林给卓别林打电话，请他到公使旅馆吃饭，顺便见见这位好莱坞当红明星，因为朋友眼里的玛丽昂是个可爱的人。卓别林对玛丽昂的了解只是限于洛杉矶满大街的广告，玛丽昂是个十足的广告女郎。这个朋友提起玛丽昂，卓别林就对这个人留意了起来。

一天晚上，在范朋克家里看电影《骑士春秋》，这部电影刚好是玛丽昂主演的，她在这部电影里展露了她的喜剧才华。

卓 别 林

于是，当在埃莉诺·格林的晚宴上卓别林见到玛丽昂时，一下子就变得特别熟悉，后来他们成了知己。

玛丽昂之所以能拥有如此多的广告，数不过来的杂志封面，是因为在她的背后，有一个支持她的男人。这个男人就是威廉·伦道夫·赫斯特，美国财阀。他拥有26家报纸，13家刊物，8家电台，他每天能赚500万美元。

赫斯特后来也和卓别林成为了朋友。他经常邀请卓别林到家里参加聚会，但赫斯特性格有些离奇，或者说难以理解，他有时像孩子一样任性，有时又机警、精明；有时和善，有时冷酷。他有庞大的产业，他赠给玛丽昂的圣莫尼卡海滨就像一座王宫。

在赫斯特那里聚会的日子，卓别林还见到了托马斯·约翰斯通·利普登爵士。这位爵士是英国运动家和商人，以经营茶叶致富。在卓别林眼里，他是一位饶有风趣的老人，他喜欢与卓别林交谈，时不时谈一些往事。他说："查理，你来到美国，现在可发迹了——我也是这样。第一次来这儿，我乘的是一条运牲口的船。我当时就对自己说：'下一次来的时候，我要坐上自己的游艇，'而后来呢，我确实做到了。"席间，卓别林还遇到大使亚历山大·穆尔、托马斯·利普登爵士。卓别林喜欢与他们交谈，这些名流交谈时往往幽默风趣，笑谈中蕴藏着对生意、对人生的大智慧。卓别林的喜剧里常常描写一些贵族拿腔作势的派头，往往是因为他有深刻的生活观察吧！

这段时间里，卓别林成了玛丽昂和赫斯特家的常客。玛丽昂作为一名演员，对卓别林的才华非常佩服，她常常与卓别林一起讨论剧本。赫斯特有时脾气怪异，动不动就发火，有一次他误解了卓别林的意思，就冲卓别林发起火来，不过后来，他向卓别林道了歉。他还是很看重卓别林这个朋友的，他认为卓别林值得信赖，在玛丽昂母亲下葬的时候，他恳请卓别林和他一起去抬灵柩。

赫斯特去欧洲旅行时，访问了德国，并会见了希特勒。那时，卓别林就了解到希特勒有些可怕的集中营。卓别林的朋友科尼利厄斯·范德比尔特，当时是美国新闻记者，属于财阀范德比尔特家族。他写了几篇报道，透露了些集中营的内幕。卓别林在范德比尔特送给他的明信片里看到了希特勒发表演说的姿势。照片上的希特勒也有一撮滑稽的小胡子，几绺竖起的头发。每一张明信片上都是不同的姿势。卓别林觉得希特勒装腔作势的样子很可笑，但当卓别林知道希特勒把爱因斯坦和托马斯·曼驱逐德国时，就觉得希特勒那张脸阴森恐怖了。

卓别林

二十四、两位伟人

提起爱因斯坦,卓别林与这位伟大的科学家有着深厚的友谊。他们第一次见面是1926年,爱因斯坦来到加州讲学。在卓别林眼里,爱因斯坦是个性情温和的人,虽然爱因斯坦是科学家,但是爱因斯坦是个非常容易动感情的人,在卓别林的眼里,爱因斯坦细腻的感情是他非凡智力的来源。

环球电影制片厂的工作人员给卓别林打电话,说爱因斯坦想见他。卓别林非常惊讶和激动。那个创立了相对论的大科学家也爱看喜剧吗?他会是一个严肃的人吗?

他们见面的地点定在了环球电影制片厂,卓别林陪同爱因斯坦及爱因斯坦的夫人兼秘书参观了电影制片厂。爱因斯坦夫人热情、健谈,说着流利的英语。他们一起进行了一次愉快的午餐。

餐后,爱因斯坦夫人悄悄地对卓别林说:"您为什么不邀教授上您家去呢?我知道,如果有机会单是咱们几个人在一起安静地谈一谈,他一定会高兴的。"

卓别林也非常愿意有机会和爱因斯坦好好聊一聊。他向爱因斯坦发出邀请,爱因斯坦则表示他太荣幸了。同时,由于爱因斯坦夫人的关照,卓别林只另请了两个人作陪。

晚宴在愉快和友好的气氛中进行。席上，爱因斯坦夫人讲了爱因斯坦博士发明相对论那天的情形。卓别林听了，觉得生活中的爱因斯坦没有想象中那么神秘，他是亲切的，甚至是随性的，但他的理论又那么严谨。真是太让人钦佩了。爱因斯坦是个坦率的人，席间有个朋友问："邓恩提出了一条有关维数的有趣的原理，一种叫什么维数的发展。"爱因斯坦转过身，认真地看着卓别林，说："一种维数的发展，这是个什么东西？"爱因斯坦的坦率让卓别林觉得爱因斯坦是个真诚的人，甚至有些孩子般的可爱。这更增加了卓别林对爱因斯坦的好感。

席间，他们谈起了相对论。卓别林请教爱因斯坦，问他的相对论是否和牛顿定律矛盾。"不"，爱因斯坦认真解释道，"正相反，它是牛顿定律的补充。"

卓别林告诉爱因斯坦夫人，说等下一部电影放映后，他打算去欧洲。爱因斯坦夫人一听，马上向卓别林发出邀请，邀请卓别林如果去柏林，一定要到自己家做客。爱因斯坦夫人还透露，他们住的地方不大，教授没有很多钱，虽然洛克菲勒基金会有一百多万美元供爱因斯坦用作科学研究，但是他从来没有动用它。

后来卓别林在访问柏林期间真的去拜访了爱因斯坦。爱因斯坦居住的条件确实很简陋：一间房兼做客厅和餐室，地下铺着破旧的地毯。家具中最贵的就是那架钢琴了，爱因斯坦曾经在那上面写出有关四维空间的历史性草稿。

1931年1月，《洛杉矶时报》发表了一条引人注目的消息：美国经济将因为《城市之光》的上映被带动两个百分点。《城市之光》是卓别林继《淘金记》后的一部重要作品，将在富丽堂皇的洛杉矶大剧院举行首映。

卓 别 林

　　1月30日，卓别林电影《城市之光》上映了。这一天，对于广大卓别林的影迷来说，就像一个节日。剧院周边早早地挤满了人，警察也被召集来维持秩序，洛杉矶川流不息的交通突然瘫痪，附近商店的玻璃窗挤满了热情高涨的人群，社会治安也变得好起来，那些做坏事的家伙们现在也暂时改邪归正了，因为他们要看卓别林的电影。

　　在众多影迷中，有一位影迷，大名鼎鼎，无人不知，无人不晓，而且这位影迷还受到了卓别林的优待，即由卓别林亲自陪同观看电影。这位名人就是爱因斯坦。陪同爱因斯坦来的，还有爱因斯坦的夫人。科学界的神人一下车就在人群中引起阵阵骚动，看着成千上万的人，爱因斯坦表现出一贯的纳闷。卓别林则显得特别开心，从他精心的打扮就可以看出，他对这次首映的重视。只见卓别林胡子刮得干干净净，头发整理得服服帖帖，一身笔挺、得体的西装将这位巨星衬托得光芒四射。卓别林一手拿着礼帽，一手轻轻扶着爱因斯坦走进放映厅。

　　爱因斯坦看着卓别林打扮得如此隆重，下意识地摸了摸自己的胡子，然后松了口气。卓别林说："这些人为我欢呼，是因为每个人都对我了如指掌，这些人为你欢呼，是因为没人能弄懂你。"爱因斯坦听得一头雾水，认真地问："这又是什么意思呢？"卓别林调皮地笑了笑："没什么意思。"

　　电影终于开始了，先是播放演职员的名单，然后是首映礼的掌声，接着是第一个画面。随着电影的进行，电影院里笑声渐渐多了起来，人们开心地笑着，越来越大声。卓别林用他那天才的表演和卓越的想象力又为人们奉献了一场视觉盛宴。电影演到结尾，流浪汉夏尔洛与双目失明的卖花女的心酸遭遇时，爱因斯坦

像孩子一样流下了眼泪。

后来爱因斯坦又去看《摩登时代》，欢笑的同时又洒下了热泪。看到这样的好电影，爱因斯坦按捺不住激动的心情，写了一封信给卓别林："你的电影《摩登时代》，世上人人都能看懂。你会是个伟大的人。爱因斯坦。"一周后，爱因斯坦收到回信："我更加钦佩你。'相对论'世上没人能懂，但你已是一个伟人了。卓别林。"

两位大师互相欣赏，真诚交流，已经成为千古佳话。爱因斯坦和卓别林都是那种有着高尚的道德情操的大师，所以决定了爱因斯坦能够踏踏实实地搞研究，做学问。而卓别林始终没有忘本，他努力，他善良，他谦逊，他怀着对下层人民的热爱和同情，以及拍摄电影审慎的态度，使卓别林的电影深深被人民群众所喜爱，经久不衰。

1933年，由于德国纳粹当局的迫害，爱因斯坦迁居美国。1937年，爱因斯坦夫妇来到加州，他们与卓别林又见面了。爱因斯坦这次是跟随三位科学家一起来拜访卓别林的，他告诉卓别林："晚饭后，我们要演奏一首给您听。"

那天晚上，爱因斯坦和三位音乐家演奏了莫扎特的四重奏。爱因斯坦的演奏技巧并不纯熟，但是他微闭着眼睛，很投入，是用心演奏给卓别林听。通过这次交往，卓别林和爱因斯坦的感情更加深厚了。

几天后，卓别林邀请爱因斯坦夫妇来家吃晚餐。这一次，卓别林邀请了许多演艺界的朋友，有玛丽·璧克馥、道格拉斯·范朋克、玛丽昂·戴维斯、W·R·赫斯特以及其他两位客人。他们都是卓别林的好朋友。席间，气氛不是很热烈，但彼此都很真诚。

卓 别 林

爱森斯坦是苏联电影导演，他有一次来到了好莱坞，同卓别林见了面。那天，卓别林和爱森斯坦兴致都很好，他们相约去打网球，球打得不够专业，但大家都很开心，还交换了彼此对电影的看法。

格里果利·亚历山德罗维奇·波特金是苏联女皇叶卡捷琳娜二世的宠臣。爱森斯坦曾以他为主人公，拍摄了《波特金》，并一举成名。另外，爱森斯坦的《震撼世界的十天》影响也较大。

卓别林曾和爱森斯坦谈到共产主义，卓别林问他：受了教育的无产者，在智力方面是否比得上那些世代有文化的贵族。爱森斯坦这样解释：一旦受了教育，群众的智力就会变成一片富饶的新土壤。

二十五、如日中天

在1931年—1940年间，卓别林又有3部佳作问世，它们分别是：《城市之光》（1931年）《摩登时代》（1936年）和《大独裁者》（1940年）。

卓别林在纽约的时候，一位朋友告诉卓别林，说他看了有声电影，并且预言有声电影将会开创一个新的时代。对于有声电影，卓别林保持谨慎的态度，毕竟他对无声电影已经轻车熟路，他并不是完全排斥，但是关于有声电影，他现在还没有想好。

关于有声电影的消息，陆续传来。华纳兄弟影片公司已经拍摄了它的第一部有声电影，名字叫《爵士歌王》。接着，米高梅影片公司放映了《轻歌曼舞》，那是一部大型音乐片。有声电影渐渐多了起来，因为有声音，所以即使有的有声电影剧情并不好，也出现卖座极盛的情形。

此时的卓别林对无声电影依旧情有独钟，因为他相信不同类型的娱乐是可以同时并存的。无声电影主要是借助表情、动作等非语言手段，来表现人物的情绪、心理活动和故事情节，实际上就是哑剧艺术的延伸和发展。卓别林在哑剧方面的表演天份是无人能及的。卓别林能够通过独特的哑剧形式把小人物的善良和社

卓别林

会的丑恶、富人的傲慢和穷人的反抗精神等现象对立起来，通过这些冲突，把心灵和智慧的美展现出来。由于这些因素存在，卓别林决定拍摄下一部无声电影，它就是《城市之光》。

《城市之光》也许称得上是卓别林后期电影中较出类拔萃的一部，影片经历了一年多的辛苦拍摄。影片描述了有一个美丽的双目失明的卖花姑娘，流浪汉无意中认识了她，并爱上了她，接着流浪汉为了医好姑娘的病，拼命赚钱。卖花姑娘把流浪汉想象成了百万富翁，当她复明后，流浪汉局促不安地告诉她，是谁给了她治病的钱。影片最感人的部分是治好眼睛的卖花女，通过手的触摸而知道了流浪汉的真面目。这是一部讲述真爱的电影，看后无人不为它动容。

《城市之光》的开头是至今被人津津乐道的开头之一。影片一开始，出现的是几个雕像，当市政人员神情严肃地揭开幕布时，呈现在观众面前的是一个躺在雕像上睡觉的流浪汉。他挠挠这儿，挠挠那儿，完全没有意识到自己所处的环境。本片有配乐和一些含混不清的话，但是从本质上说它仍旧是一部无声电影。在众人的高呼中，流浪汉开始往下爬，谁知，旁边雕像上雕刻的是一个人擎着一支剑，正好扎破了卓别林的裤子，卓别林因此悬了起来，上不去，下不来。几经周折，摆脱了困境，最有趣的是他没有走向对面广阔的人群，而是从雕像后面的栅栏走了出去。面临如此的困境，卓别林还不忘举起帽子向大家致意，意思是告诉大家别着急。他这个脱帽并举一下的动作，在他的许多影片中都有呈现。在实际生活中，他也喜欢这个动作。这说明戏中戏外的卓别林都是绅士的。

卓别林的喜剧抱负跟别人的有点不同的是，他不是赤裸裸地

抖出来，他需要铺垫。比如他站在橱窗前，后面有一个人在修地下管道，修管道的人时而打开盖子，时而关闭盖子。那我们知道，一般的情况是主人公一个不小心，掉进地下管道里。而卓别林设计的情节则不是，他先一次次碰巧躲开了陷阱，你正以为他安全时，他却"扑通"一声掉进去了。

影片中还有一个情节让人发笑。剧中的一个百万富翁因为单相思而想不开，要自寻短见。具体表现就是清醒时平易近人、和蔼可亲，喝酒后就会想办法自杀。有一次，酒后的百万富翁又伤心起来，他来到一个河边，选了一块大石头，石头上拴着一根绳子。他打算用绳子套住自己的脖子，然后把石头推向河里，借以勒死自己。善良的流浪汉前去阻止，他抱住百万富翁，喝醉的百万富翁拿起巨大的绳套向后一甩，结果把两个人都套住了。套完之后，百万富翁去向河里扔石头，结果无意中，自己从绳套中钻了出来。而此时卓别林正眼望天空，给百万富翁讲大道理。还没等讲完呢，只听石头"扑通"一声被扔进水里，卓别林顺势也被带进了河里。

卓别林拍电影一向要求严格，对于拍摄不满意的部分，他要反复重拍，直到满意为止。《城市之光》有一个镜头，流浪汉为了穿过拥挤的街道，从一辆轿车的车门进去，从另一个车门出去，流浪汉关上车门，盲人卖花姑娘听到了声音，以为流浪汉是轿车的主人，于是送上一朵鲜花。流浪汉用他兜里仅有的钱买了一朵花。一不小心，流浪汉把姑娘手里的花儿碰到了人行道上。姑娘忙蹲下来，伸手去摸索。流浪汉忙指给他看，可是姑娘还是摸索。流浪汉明白了，原来她什么都看不见。流浪汉动了恻隐之心，把姑娘扶了起来。据说这个70秒钟的戏，卓别林拍了5天，只为能

卓别林

拍到最佳效果。而对于可能影响主题的情节，即使拍的再美，也要舍去。卓别林拍《城市之光》耗费了314256米胶卷，最终采用的仅有8093米。

值得一提的是，《城市之光》由卓别林亲自配乐，这部戏里有感人的爱情故事，所以卓别林为它配上了富有浪漫色彩的音乐。卓别林认为，音乐不能喧宾夺主，优美的音乐要配合着表达感情，否则，它就不是完整的。

《城市之光》这部电影排拍完以后，面临着巨大的压力。因为这时有声电影已经悄然进入市场，无论是电影市场还是电影人，都在考虑拍摄有声电影。联美影片公司经理乔·申克告诉卓别林，现在已经不比《淘金记》的时候了，一般电影院老板已经不再准备给卓别林以前的待遇，而那些轮流上映的电影院也似乎调转了方向，不再与卓别林亲密无间。此时，纽约的电影院已经几乎全被预定出去了。

这时的卓别林准备孤注一掷。他租借到乔治·M·科汉影院，比起其他影院，它十分不起眼，但卓别林还是把它租了下来，并配备了经理、出纳、引座员、放映师等，一切都按正常的程序操作。

同时，还有一个好消息，洛杉矶一家新落成的电影院也准备在该戏院首次献映卓别林的电影。

卓别林参加了首映，首映的效果非常好，这使卓别林坚定了信心。他刊登了占报纸半幅版面的广告，每天登在纽约最大的报纸上。广告的内容是这样的：查尔斯·卓别林在《城市之光》中演出。假座科汉大戏院。全天各场连映票。票价五角至一元。

联美影片公司的人都为卓别林捏了一把汗，要知道，当时最热门的有声电影，票价最高的才是八角五分，最低的是三角五分。

为了看观众对电影的反映，卓别林半夜都睡不着，一直在考虑他的电影。不知道是不是首映的反响好，人们再一次表现出了对卓别林电影的狂热。排队买电影票的人已经绕过了整个街区，交通都因为拥挤的人群而堵塞。

为了参加《城市之光》在伦敦的首映，卓别林决定回伦敦。于是卓别林登上"奥林匹克"号，又一次踏上前往故乡的旅程。

卓别林本来想低调回国，他一直就是那样的人，在电影中光芒四射，但在生活中他永远有着绅士的谦逊风度。但是这次回国主要是为《城市之光》做宣传，所以不得不让媒体知道。

一如既往地，卓别林受到了朋友们及普通观众的热烈欢迎。这次卓别林下榻的旅店是卡尔登旅店。跟富丽堂皇的里茨旅馆比，卡尔登让卓别林觉得亲切。

这次回国，卓别林一样选择了故地重游和会见好朋友。重游地之一选择了汉威尔学校，往事历历在目，而又似乎离自己很遥远。后来，卓别林谈到重返故地时，说："我记得兰柏斯的马路，如纽卡特路、兰柏斯小路和沃克斯豪路，路面都很粗硬，也并非遍地洒满了黄金。然而，居住在那里的人却犹如用优质金属铸造而成。"一席话充满了对故乡的怀念。

卓别林一到宾馆，就接到了菲利普·沙逊爵士的电话，他邀请卓别林到他的别墅吃饭。卓别林还和这位爵士在下议院共进了午餐。在那里，卓别林见到了阿斯托子爵夫人。她是第一位下议院女议员。阿斯托夫人热情、有趣，经常举办一些聚会，邀请一些名流参加。有时，她还会表演，给大家逗趣，卓别林认为，如果有机会，她真的可以成为一名好演员。

过两天，阿斯托夫人又举办了聚会，在那里，卓别林见到了

卓 别 林

好几位尊贵的客人。有著名的戏剧作家萧伯纳，著名经济学家约翰·梅娜德·凯恩斯，还有其他一些著名人士。大家欢迎卓别林的到来，萧伯纳性格有趣，与卓别林谈笑风生。

又过了两天，萧伯纳邀请卓别林来家里吃饭。萧伯纳还单独把卓别林领进了自己的书房。萧伯纳的书房干净、舒适，风景好，可以俯瞰泰晤士河，壁炉边上随手放着萧伯纳写的东西。

萧伯纳很敬佩卓别林，他认为卓别林是"电影界独一无二的才子"。

此后的3个星期，卓别林依旧参加各种聚会。邀请卓别林的有英国工党领袖，首相詹姆斯·拉姆齐·麦克唐纳，阿斯托夫人等等。在这些人中，有一个人不得不提。他就是温斯顿·丘吉尔。

卓别林是在好朋友玛丽昂家见到丘吉尔的。那天，在玛丽昂的豪宅里，来宾们纷纷起舞，共度这美好时光。丘吉尔没有加入跳舞的人群，他拿着酒杯饶有兴趣地看着跳舞的人。这时，卓别林走过去同丘吉尔问候。

丘吉尔对人热情，同时也有种军人的粗糙。卓别林同他谈起英国工党政府，卓别林问了一个关于社会党和君主制度的问题。丘吉尔友好幽默地给予了回答。这次谈话给两个人都留下了美好的印象。

几天后，丘吉尔邀请卓别林去他的旅馆吃晚饭。在吃晚饭时，卓别林见到了丘吉尔的儿子，也是个有思想的年轻人。晚饭吃的非常轻松，大家没有高谈政治，而是谈了一些家常琐事。后来，热情好客地丘吉尔还邀请卓别林去查特威尔度周末。

丘吉尔爱好非常广泛，即使事务繁忙，他也能抽出时间培养爱好。丘吉尔有3大爱好：砌砖、跑马、绘画。卓别林曾在丘吉

尔家餐厅里看见壁炉上边挂着一幅静物油画。丘吉尔自豪地说：这是我画的。也许是丘吉尔也爱好艺术，所以能和卓别林聊得投机。

此时的丘吉尔只是下议院一位后座议员。在那政局动荡的日子，丘吉尔还能够一边从容招待客人，一边接听工作电话。丘吉尔崇拜拿破仑，他的书房里有许多关于拿破仑的书籍，他曾对卓别林说："是的，我是十分崇拜他的。"丘吉尔还建议卓别林拍一部以拿破仑为主题的电影，并且丘吉尔还为卓别林想好了一个俏头。

通过几次交往，卓别林很喜欢丘吉尔这个朋友，他认为丘吉尔能宽容和尊重别人的意见，对那些与他意见不一致，甚至相反的人，他都不去记恨的。物以类聚，人以群分。卓别林也是一个宽容的人，对于和他意见想左的人，卓别林往往只是客观分析事情本身，而不对当事人予以攻击。

二十六、和平主义者

在丘吉尔家作客后不久,卓别林见到了甘地。甘地是印度民族主义运动和国大党领袖,人们尊称他为圣雄甘地。他是印度最伟大的政治领袖,他带领印度迈向独立,脱离英国的殖民统治。他最著名的主张是"非暴力不合作"。在世界人的眼里,甘地具有精明的政治眼光和钢铁般的意志。这次甘地来伦敦是为了参加有关印度制宪的第二次英—印圆桌会议的。

虽然卓别林是英国人,但是他对甘地是尊重和敬佩的。当有人问卓别林是否想见见甘地时,卓别林欣然应允了。

1931年9月22日,卓别林和甘地见面,地点是离东印度码头路不远的贫民区内的一幢简陋的小房子里。卓别林到达后,发现甘地住的房间大概12平方米。卓别林到时,甘地还没有到。不一会儿,楼下响起了欢呼声,在贫民窟里那条拥挤不堪的小街上,一个裹着腰缠布的瘦小的人儿缓缓走了过来,这个人就是甘地。

两个人的这次会面是历史性的,记者的照相机也是闪个不停,生怕错了这历史性的一刻。两个人见面后,都很高兴,友好地握了握手,接着他们并排坐在了沙发上。

过了一会儿,安静下来。大家屏住呼吸,想听这两个著名的人物会谈点什么。甘地露出期待的笑容,也许,这不是自己的国家,所以甘地希望这个开场白由卓别林来完成。

卓别林也领会了甘地的意思，他清了清嗓子，说："我当然同情印度人发奋图强，同情他们为自由进行斗争，然而，您对机器那样深恶痛绝，我有点儿想不通。"

甘地微微一笑，显然，他对这个问题早有准备，许多人都曾这么问过。他解释道："无论如何，机器如果被用来为人民造福，就可以帮助打碎奴役他们的枷锁，让他们能用更少的时间去从事劳动，有更多的时间去增进知识和享受人生。……印度人要实现这些目标，就必须首先摆脱英国的统治。过去机器使我们依赖英国，我们要不再依赖它们，唯一的办法就是抵制一切机制的货物。因此，我们每一个印度人都必须纺自己的纱，织自己的布，并把这看做是一项爱国的任务。这是我们向英国这样一个强大敌人进攻时应采取的方式——当然，这方面还有其他的原因：印度的气候和英国的不同，因此印度人的习惯和需要也不一样。英国天气冷，这就需要努力发展一些工业，形成了复杂的经济。你们需要制造餐具的工业，可我们用手指夹东西吃。所以，生活中出现了许多不同的地方。"

接着甘地给卓别林讲了印度如何使用策略争取自由。也许这个话题是甘地最想谈的，甘地也知道卓别林出身于贫民窟，所以他就滔滔不绝地谈了起来。

渐渐的，屋子里的人都散了。甘地问卓别林是否高兴看他们做祷告。卓别林对这个比较好奇。只见甘地自己盘腿坐在地板上，另外5个人和他围了一个圈。卓别林坐在沙发上，静静地看着甘地他们虔诚地做祷告。

听了甘地的话，卓别林陷入深深沉思之中，特别是对甘地"反对让失业者现象出现的机器，并非是对机器本身的否定"这番

卓别林

言论。几年后,卓别林的名作《摩登时代》,体现了工业革命愚弄现代人的悲哀。

《城市之光》首映那天,下着倾盆大雨,但观众的热情丝毫没有减退。那个时代,卓别林的电影更成为人们的一种寄托,所有的烦恼在观看卓别林的电影后都烟消云散了。卓别林的好朋友,丘吉尔和萧伯纳都来捧场。

卓别林常常去看 H·G·威尔斯,那时威尔斯在写一部书,书名是《货币分析》。威尔斯对罗斯福的新政抱有很大希望,认为在美国垂死的资本主义社会中会出现一种半社会主义。卓别林对社会主义发生兴趣是因为有一次遇见了厄普顿·辛克莱,一位美国小说家。他问卓别林是否相信利润制度,卓别林说只有会计师才能回答。从那以后,卓别林开始对社会主义感兴趣,但是不是从政治和历史的角度,而是从经济的角度。

在回美国之前,卓别林还见了亲爱的哥哥——雪尼。此时,雪尼也已经是著名演员了,他拍了好多部叫座影片,包括《潜艇领航》、《鸿运高照》、《箱中人》,现在的雪尼已经退休,和妻子在尼斯安了家。

经过一段时间的访问,卓别林有些累了,他想休息休息。一次,他正在旅馆休息,突然接到通知,让他到伦敦守护神戏院做一次演出,时间仓促,卓别林没有准备,所以拒绝了,但是卓别林汇去了两百英镑。没想到,这下可触怒了当局,说卓别林藐视国王。显然,所谓"当局"把卓别林当成了一种工具。

几天后,卓别林在网球场打球,一个年轻人过来和卓别林攀谈。卓别林无意中和这个人谈论了这样一段话:"……我就是瞧不起那些专给我们带来苦难的人;我就是不爱听人家吩咐,要我

们去把什么人杀死，去为什么事情送命——还要说这一切都是为了爱国。"

没想到，第二天，他的这番言论就见报了。原来卓别林中计了，和他攀谈的那个年轻人是一家报社的记者。无聊的记者可能实在没有什么新闻，就使用这种卑劣的手段来套卓别林的话。

卓别林不认为爱国就是不顾人道主义精神，对于杀害了六百万犹太人这样的事情熟视无睹。卓别林认为："爱国主义是导致整个世界曾经精神错乱至极的罪魁祸首。过去几个月里，我一直在欧洲各地周游，看见爱国主义正到处蔓延滋长，这将引发另一场战争。"

后来，卓别林去了维也纳和威尼斯。

去巴黎是已经约定好了的，在巴黎卓别林见到了著名政治家阿里斯蒂德·白里安，《不妥协者》发行人巴尔比先生，法国女诗人安娜·伊利萨伯斯·德布朗科旺·诺阿耶女伯爵。午饭后，他们陪同卓别林去了爱丽舍宫，在那里卓别林接受了荣誉军团勋位。

卓别林第二次访问柏林，受到了热烈、盛大的欢迎，德国民主政府热情地招待了他，还请了美丽的女伯爵做导游。此时，纳粹报纸暗中作乱，他们说卓别林是外国人，德国人不应该这样欢迎卓别林，只是对于这些，卓别林当时并不知道。德国废帝威廉二世的一位堂弟陪卓别林参观了波茨坦的无愁宫，无愁宫建的小巧、别致。但在卓别林看来，所有的皇宫没有什么大的区别，无非是一些炫耀、夸张的建筑。

柏林罪犯作案展览馆里面陈列了各种被害的、自杀的及变态行为的照片，卓别林不知道这样的展览馆有什么意义。

在富尔默博士家中，卓别林会见了德国一些艺术界和戏剧界

的代表人物。大家交换了一些看法。

  在柏林的游历虽然让卓别林增长了见识，感受到了自己仍然那么大受欢迎和尊重，但是多少有点拘束。后来，他去了爱因斯坦家，才有种放松的感觉，并在爱因斯坦家度过了一个愉快的晚上。

二十七、重返故乡

几经辗转，卓别林又回到伦敦，并几次会见了威尔士亲王。曼彻斯特给小时候的卓别林留下了深刻的印象，这次，他有再一次去看看这座城市的冲动。他雇了一辆车。

雨中的曼彻斯特有点凄凉，但那凄凉中透着一种浪漫的美，让卓别林留恋。卓别林电影中有一些雨中的或浪漫或滑稽的片段，想必是雨中的曼彻斯特给卓别林的印象太深了吧，这座英国的城市曾多次给卓别林带来灵感。

在去曼彻斯特的途中，卓别林特意在艾凤河畔斯特拉特福逗留。那是卓别林以前不曾来过的地方。之所以卓别林这次想在这里停留，是因为一个人的故居在这里。晚饭后，卓别林仍然兴致不减，他本能地拐了一个弯，沿着一条街走了下去，走着走着，在一所房子面前停了下来，此时，天色已黑，他擦亮了一根火柴，微弱的火光照亮了一块牌子，上面写着几个字：莎士比亚故居。尽管卓别林的戏剧题材和莎翁的题材相去甚远，但这阻挡不了卓别林对莎翁的崇拜之情。在如此黑暗的环境中，卓别林竟然能如此准确地找到莎翁家的位置，是被一种灵感引导着吧。

翌日早晨，斯特拉特福市长带领卓别林去莎士比亚的故居参

卓别林

观。让卓别林暗暗称奇的是莎士比亚并不是出身贵族，只是在他年少的时候接受了文学启蒙，家道中落后，辍学谋生。后来他在戏院打杂，进而当演员，再写剧本。可是莎士比亚竟然掌握那么多的宫廷和帝王的知识。卓别林一直认为，伟大天才的作品中应该能透露出作者本人的一些信息，哪怕只是一点点。可是你在莎士比亚的作品中完全找不到莎士比亚出身于寻常百姓家的影子。那些王子的风范，皇后的哀愁，竟被莎士比亚如此传神地描绘了出来。

小时候卓别林随剧团巡回演出《福尔摩斯》时，有一个小镇卓别林很喜欢，它的名字叫布莱克本。年少的卓别林常常在演出之余去弹子台上打弹子。

时隔多年后，卓别林又来到这个小镇。人有时真是奇怪的东西，当你在一个地方待久了，你会熟视无睹；当你有更好的发展机遇，或者更好的生活去处的时候，你会以为你永远不会回到这里了。

当你离开这个地方的几年，十几年，甚至几十年，你都不会想起它。可是当你功成名就，或者有了闲暇时间的时候，你就会想到这个地方，特别是如果你在这里曾留下了美好的回忆。你会不顾一切地想回到这里看一看。

卓别林就是这样。已经中年的卓别林回到伦敦是一定要到这里看看的。那天，他到达布莱克本已经是5点钟，天色昏暗，不过卓别林还是找到了当年住过的那家小旅馆。小旅馆还在，甚至打弹子的台子还在，只是已经换了主人，没有人认出眼前这个稳健的中年男子就是十几年前那个前来住宿的英姿勃发的少年了。

后来，卓别林来到附近的市场。此时，天色已黑，广场上的

人们正在津津有味地谈论政治。面对处于严重经济萧条中的英国，老百姓们纷纷发表意见。有人谈社会主义，有人谈共产主义，有人谈道格拉斯计划。这时，一个老人说："英国人多年来坐吃山空，毛病就出现在这里；发救济金会毁灭了英国！"显然，这位老人没有抓住问题的要害，他的思想还停留在维多利亚时代，卓别林忍不住说道："要是没有救济金，那就不成为英国啦。"这些人可能永远不知道在黑暗中参与高谈阔论的竟是大名鼎鼎的卓别林。卓别林不愿意在官方阐述自己的立场，发表自己的见解，卓别林永远是和老百姓在一起的，他心中一直有这个情结，哪怕他认为他们说的不对。他在这里永远能找到一种归属感。更有意思的是，卓别林的话音刚落，人群中就传来"说得对，说的对"的支持声。

不知不觉，卓别林已经在欧洲访遍名胜。这时，他又开始想念他的电影了。诚然，《城市之光》取得了巨大的成功，它赚的钱比当时任何一部有声电影赚的都多。但是有声电影的发展已形成不可阻挡之势，他觉得他现在有必要考虑考虑有声电影的问题了。但是卓别林还是有些顾虑，那就是他以前拍的电影都是以流浪汉夏尔洛为主人公的。流浪汉的表演必须借助无声电影才能传神，如果让他说话，他就变了一个人，不再是夏尔洛了。那一阵子，这些恼人的问题时刻萦绕在卓别林的心头。他需要想一个好的办法解决，一定会有办法的，他从前不也是时常遇到困难吗？最后不都是迎刃而解了吗！

结束了英国北部的旅行，卓别林回到了伦敦卡尔登旅馆，他打算收拾行囊回美国去。恰在这时，卓别林收到了道格拉斯·范朋克的电报。原来道格拉斯约卓别林去阿尔卑斯山滑雪。卓别林有

卓 别 林

些心动，反正现在也想不出什么好的想法，先滑完雪再说。此刻的道格拉斯也和玛丽分手了。两个人各有心事，但谁也没有说破。卓别林还约上雪尼，3个人一同去阿尔卑斯山滑雪去了。

二十八、去东方旅行

阿尔卑斯山滑雪给卓别林带来了好心情，他决定取道远东返回加州。1932年1月，卓别林登上了一艘日本轮船，游览了开罗、突尼斯、卡萨布兰卡等几个北非城市。船抵达亚历山大港后，卓别林见到了新上船的阿拉伯人和印度人。

船进入红海后，气候宜人，卓别林换上了凉快的衬衫和短裤。有经验的船员在亚历山大港装上了热带水果和椰子，所以卓别林和其他旅行的人吃到了芒果和冰冻椰子牛奶。

经过红海、印度洋，这艘日本轮船抵达了美丽的新加坡。一到新加坡，卓别林感受到了中国杨柳图案盆子上描绘的那种气氛。

新加坡就像一个大花园，沿着海洋一带都长着榕树。给卓别林留下最深印象的还是游艺园里中国孩子表演的杂技。

东西方文化不同，各有各的精彩。在卓别林眼里，这些表演的中国孩子都非常了不起。卓别林不愧为一个大家，他对东西方文化都有所了解。他知道中国演员们演的戏是伟大中国作家写的古典作品。卓别林饶有兴趣地欣赏了一出戏。戏里扮演王子的是一位姑娘。她15岁，有着遏云裂帛的嗓音。卓别林曾这样描述看这出戏的感受：我从来不曾像看到那最后一幕时感动之深，也从

卓别林

来不曾听过那种很不调和的乐调：如泣如诉的丝弦，雷声震响般的铜锣，再有那充军发配的年轻王子，最后退场时用尖厉沙哑的声音唱出了一个凄凉绝望的人的无限悲哀。

离开新加坡后，卓别林和雪尼来到了风景旖旎的巴厘岛。那时的巴厘岛还没有海港和机场，他们是乘了划船靠上一个旧码头登岸的。

巴厘岛真美啊！绿水青山，万花烂漫，林木参天。最有趣的是那的妇女袒露胸部，腰里围着花布，头顶着一篮水果，婀娜多姿地走来走去。在巴厘岛，卓别林碰到了美国水彩画家赫希菲尔德和他的妻子，他们来度假。晚饭后，画家夫妇和卓别林兄弟去散步，忽然看见不远处有萤火虫一样亮亮的东西在闪烁，耳边还隐隐约约传来合着乐调的旋律节拍，好像有人在跳舞。

画家提议去看看。走近一看，果然有两个女孩在跳舞。这两个女孩10岁左右，腰里系着美丽的花裙，头上戴着精致的饰物，载歌载舞。头上的金属物闪闪发亮，离远看就像萤火虫在飞舞。奇怪的是，巴厘岛人从来不鼓掌。

听说卓别林来巴厘岛了，音乐家和画家沃尔特·斯皮斯前来看望。沃尔特已经在巴厘岛住了15年，说得一口地道的巴厘话。为了表示对卓别林的欢迎，沃尔特演奏乐曲给卓别林听。沃尔特说巴厘人的音乐趣味精致，卓别林则认为巴厘音乐有点冷酷，甚至恐怖。

午饭后，沃尔特领着卓别林看了密林深处的鞭挞仪式，又参观了庙宇，访问了大杂院，观赏了斗鸡。

欣赏完巴厘岛的美丽风情，卓别林和雪尼动身去了日本。1932年5月14日，卓别林和雪尼乘船到达神户，第二天坐火车经大阪、京都、名古屋到达东京。

在亚洲国家中，卓别林比较想来日本看看。因为卓别林的一位秘书是日本人，后来，卓别林的佣人也是日本人，每天耳濡目染，卓别林就想看看日本到底是什么样子。

卓别林的船抵达神户港后，成千上万的人在码头上欢呼，人们穿着绚丽的和服等待卓别林走下船来。

日本政府对这位喜剧宗师也是格外地青睐，他们为卓别林准备了一列去东京的专列。列车每经过一站，呈现在卓别林眼前的都是人山人海，漂亮的姑娘们还把精心准备的礼物赠给卓别林。

在东京，卓别林观赏了樱花、茶道，欣赏了歌舞伎表演。一切看似都是快乐和喜庆的，可是卓别林却感到有种神秘的气氛包围着他。是错觉吗？

在去旅馆的途中，车子开到一个清净的地方，司机小野渐渐露出不安的情绪。不一会儿，车子停到了皇宫前面。这时，卓别林发现周围除了自己车上的几个人，外加后面的3辆车，一切静得可怕。这时，小野问卓别林是否要下车，在皇宫面前鞠个躬。卓别林觉得很奇怪，不过还是客随主便，答应了小野的要求。雪尼则觉得奇怪，拒绝了。

第二天早晨，雪尼气愤地找到卓别林，说他的包被人搜查了。卓别林安慰雪尼，说这没什么。

可是奇怪的事情并没有停止。有一天，小野告诉卓别林，有一个卖画的商人要向卓别林兜售画，卓别林告诉小野说自己没兴趣。没想到，小野说那些人不好惹，是否考虑让卖画的人到旅馆来。卓别林觉得莫名其妙，坚决地制止了。

有一天晚上，卓别林兄弟还有小野在一家酒馆用餐。突然走

卓别林

过来几个年轻人，这几个人怒气冲冲，其中一个用日语跟小野说着什么。虽然卓别林听不懂日语，但也感觉到不是什么好事情，聪明的他做了一个把手伸进衣服里的动作，好似他正在掏枪，其实他根本没有枪。后来总算没发生什么。

1932年5月15日，日本首相犬养毅的儿子陪同卓别林去看日本著名的相扑比赛。他们不知道，此时，一队日本海军青年军官组成的"血盟团"袭击了首相官邸，杀死了首相犬养毅。

后来雪尼回忆说，是6个刺客打死了首相，那天去酒馆挑衅的也是6个人。这并不是偶然的巧合。

这些奇怪的事情，后来在休·拜厄斯的《暗杀政府》这本书中才揭开谜底。原来，有一个叫做黑龙会的组织密谋要杀卓别林。黑龙会的人希望杀掉卓别林会激怒美国人，从而引发战争。后来关于是否应该杀掉卓别林，这个组织内部意见不统一。有人认为，杀掉一个喜剧演员未必会挑起事端。

还有一个原因，就是后来他们发现卓别林是英国人而不是美国人。所以，暗杀卓别林就没必要了。

日本之行，有些匪夷所思，不过有惊无险。这次来日本，卓别林第一次近距离观看歌舞伎表演。卓别林对日本的歌舞伎给予了很高的评价，在卓别林眼里，这种歌舞伎表演是古老戏剧和现代戏剧的混合，它重视演员的技巧，如果遇到不能写实的场合，就忽略它。

快乐的日子总是短暂，卓别林的假期结束了。因为卓别林处在那个动荡的时代，所以他在享乐的同时也看到许多悲伤的画面：发霉的食物，失业的工人。此时的卓别林已经43岁了，他的生活阅历在增加，他对社会的关注程度也在加深。看到那些处在悲惨境遇中的人们，卓别林多想去帮帮他们。

一次，他跟朋友闲谈，表达了他的一种设想。即设立一种经济体系，旨在解决全球共同面临的失业、贫困问题。但这种经济体系究竟是什么样的，他自己也说不清楚。但是他可以拍电影，在电影中给人们以希望和精神上的慰藉。

卓别林

二十九、与宝莲·高黛

卓别林回到贝弗利山家里时，感觉有点孤单。他的朋友道格拉斯和玛丽已经分手，他常去的那个小天地已经不复存在。

一个人的日子不知道该干些什么，连吃晚餐都变得没有兴趣了。

此时的美国正是经济大萧条时期，富兰克林·D·罗斯福上台后，实施了一系列新政策，旨在恢复美国的经济。

好莱坞的生活也发生了很大的变化，无声电影演员已经基本消失，有声电影基础愈加牢固。有声电影极大地刺激了美国电影市场，观众蜂拥前往观看这种更加"新奇的玩意儿"，尽管经济萧条，电影业依旧繁盛。原来制作电影那种宁静优美的氛围逐渐变淡，现在的电影越来越趋向于一种产业。为了满足有声电影的需要，电影制片厂装起了复杂的配音设备。

配备复杂、许多电线盘绕着的收音机也装置起来。那些配音的人员戴着耳机，像是从外星球来的人一样，演员在他们面前表演，传声器像钓鱼竿似的在他们头顶上晃来晃去。音响的出现冲击了电影艺术和技术的各个部门，一些不能用于有声片的技术人员都被淘汰了。

卓别林虽然认为有声电影的到来是不可逆转之势，但是说实话，他不喜欢。人在不喜欢做一件事的时候，往往会产生一些逃避现实的做法，这些想法不一定付诸实施，可是，只要有时间，就忍不住会去想。卓别林想去香港，香港舒适的生活环境让卓别林向往，而且他确认如果他去那里，他可以生活得很好。也可以从此退休，再也不拍电影了，总比现在成天这么纠结强。

此后的一段时间，卓别林没有去香港，也没有着手拍新电影。一天，他的朋友乔·申克来电话，邀请卓别林到他的游艇上度周末。乔的游艇又大又漂亮，它可以容纳14个人乘坐。乔的游艇上的朋友喜欢打扑克，乔的游艇上常常有美丽的姑娘。

卓别林对玩扑克不太感兴趣，他喜欢惬意地坐在游艇上，沐浴着清凉的海风，观察游艇上的人。这时，他看到了美丽的宝莲·高黛，这是他人生中的一次真爱。宝莲·高黛出生于纽约的布鲁克林，家境贫寒，童年不幸，14岁进入齐格菲歌舞团，16岁嫁了个阔绰的花花公子，数月后离婚。后来步入影坛。宝莲·高黛具有活泼、可爱的性格，这种愉快的性格感染了卓别林，他们谈得很投机。当时的宝莲·高黛打算把前夫给的一部分赡养费投资到一家影片公司里。卓别林知道后，几乎是强迫性地阻止了她。在影视圈里摸爬滚打多年的卓别林认为这个投资风险太大，他一眼就能看出那家电影公司做的是滑头生意。而且据卓别林所知，就连报界大亨赫斯特为了拍电影，还赔了七百万美元，宝莲这么把钱交给一个不了解的电影公司，实在是太冒险了。

这次谈话，卓别林也给宝莲·高黛留下了深刻的印象。他们开始交往。宝莲·高黛给萨姆·高尔德温拍一部影片，卓别林处理日常事务工作。周末他们喜欢去港口看游艇，宝莲·高黛说，如果有

卓 别 林

了游艇，可以方便他们去喜欢的小岛上玩儿。看过几次后，卓别林看中了一个船家的游艇，事实上，他已经决定把它买下来，但是他没有告诉宝莲，浪漫的卓别林想给她一个惊喜。

卓别林把游艇买下来以后，对它进行了豪华地装饰，特别是船舱里面，既现代化，又浪漫温馨。

一切完毕后，卓别林佯装让宝莲再陪他看一次，宝莲不想去，在卓别林一再央求下，宝莲同意了。谁知，宝莲吃饭的时候看到的是卓别林自家的厨子端上的可口饭菜。看着宝莲疑问的目光，卓别林平静地说："吃完了早点，咱们就到圣卡塔利娜岛游泳去吧。我已经把这条船买了下来。"

圣卡塔利娜岛就是宝莲之前一直嚷嚷要去玩儿的岛。听完卓别林的话，宝莲惊呆得睁大了眼睛，然后捂住了脸，停留了几秒钟，她说："等等，我要重新走上船。"显然宝莲太喜欢这个礼物了，她高兴极了。

有空的时候，宝莲会去照看卓别林的家。宝莲亲切温柔，卓别林的两个孩子也喜欢他。他们的生活忙碌而幸福。随着交往的深入，卓别林对宝莲的电影更加关注，他想客观地了解一下，宝莲演戏的能力和水平。一次，卓别林和宝莲去墨西哥蒂华纳看赛马，主持人请宝莲去给获胜的骑师颁奖。宝莲在扩音器前的讲话让卓别林大吃一惊，她模仿起肯塔基的交际花竟然惟妙惟肖。由此，卓别林确认，宝莲是个会演戏的演员。

接下来，卓别林希望有机会让宝莲出任女主角。

上次与甘地见面，让他印象深刻，再加上他周游欧洲时看到数以万计的工人面临失业的困苦，他认为人类已经被变成盲目为工厂卖命的动物了，成为机器的奴隶。他还听说在底特律一家工

145

厂里工人的故事：一些农村中健康的青年被大工业吸引了去，在传动带装置下工作了四五年，精神受到严重摧残。所以，他打算拍一部描写工人和穷人在工业社会中不幸状态的电影，这就是后来的《摩登时代》。

一经确认主题，卓别林就着手准备，全面进入创作阶段。

这次拍电影跟以往不同，他有了一个帮手，就是宝莲·高黛。两个人从着手编剧到完成影片，付出了近3年的心血。卓别林决定让宝莲在这部片子当中饰演女主角，在这之前，卓别林觉得宝莲比较适合扮演流浪女郎。所以在《摩登时代》里就设计了这样一个流浪女郎的角色。几经揣摩，卓别林《摩登时代》的故事框架出来了。影片描写的是人和机器的冲突，呈现了劳动工人的去人性化和疏离化。背景是当时的美国工业因为转用机器而大量解雇工人所造成的失业浪潮。主角夏尔洛身陷一个庞大的机器世界，他机械地工作着，不断加快的传送带式的作业线让他精神失常，继而卷入了巨大的机器齿轮中，被当做试验品，试用吃饭机器。谁知，吃饭机器出了毛病，给他造成一系列难堪的后果。后来，夏尔洛失业了，他加入了找工作的巨大洪流中，甚至无意中领导了示威运动的群众，然而还是改变不了他可怜的命运。一次，他无意中发现监狱是个衣食无忧的好地方，为了进监狱，他不惜替人顶罪。然而事与愿违，监狱没进去。最后，他和一位流浪女郎结为知己，一起奔向新的生活。

《摩登时代》是卓别林后期经典的一部影片，这部影片在多个方面可圈可点。

一方面，这部影片有个引人注目的道具，就是那个看起来耀武扬威却不好用的吃饭机器。从这个道具可以看出卓别林对道具

和创意付出的心血。"吃饭机器"的点子在影坛上可以说是独一无二的，简直是妙到极点。单是这个机器的出现就可以让人捧腹，再配上卓别林天才的演出，这真是一幕经典的好戏。苛刻的工厂老板，连工人吃饭都嫌浪费时间，人类被贬低至一个机械的工具。关于这个道具，多年以后，有人道出了秘密。原来，这个会转圈的桌子是由卓别林自己控制的，而不是由工作人员控制的。卓别林在桌子下面控制桌面的转动，他还负责控制那个擦嘴器的运行。同时，卓别林还能进行精彩的演出。大师的协调能力让人佩服。

另一方面，卓别林以往的电影关注的是以个人为焦点的喜怒哀乐，而《摩登时代》却反映了那个时代大家普遍关心的问题。数年后，《摩登时代》被视为卓别林是共产主义者的证据。卓别林的政治观点倾向左派。从今天的角度来看他的政治见解相当缓和，但是在1940年代的美国，许多人认为他的政治观点是非常极端和危险的。在大萧条前期卓别林的无声电影政治性不强，《摩登时代》则不可避免地带有一定的政治倾向。

电影放映后，和以往一样，卓别林迫切想知道观众的反映。报纸上关于《摩登时代》的报道却不一样：这个报纸说观众人数打破了纪录；那个报纸说观看电影的人数有所下降。拍这部电影已经消耗了卓别林很大的精力和体力，他的头脑中那根工作的弦绷得太紧了，他需要放松一下。

去哪里呢？这次，卓别林选择了中国。中国是个美丽而神奇的国度，卓别林早就深深向往之，他希望中国之行是趟美丽的旅行。宝莲和母亲陪同卓别林出行。

之所以选择中国，还有一个原因，卓别林想去一个离纽约远远的地方，他暂时不想看到跟他的电影有关的一切事情。谁知，

轮船刚抵达檀香山，《摩登时代》的巨幅广告就出现在眼前。

　　船抵日本时，卓别林用了假名字，后来日本海关当局看了卓别林的护照，惊讶地说："您来怎么不提前通知我们呢？"卓别林对上次日本之行还心有余悸，他可不希望他的美好旅行再节外生枝。何况，他知道最近日本刚发生一次政变，死了好几百人，所以他认为还是隐姓埋名比较稳妥。

　　卓别林和宝莲离开好莱坞已经5个月，浪漫的卓别林在旅行中与宝莲结了婚。

　　这次旅行，让卓别林开心的还有一件事，就是他见到了梅兰芳。那是1936年的春天，47岁的卓别林偕妻子在上海同梅兰芳会面。6年前，卓别林和梅兰芳在洛杉矶见过一次。一别六载，好友见面，分外亲热。影后胡蝶在国际饭店为卓别林举行了招待宴会。卓别林热情地搂住梅兰芳的双肩，感慨道："记得6年前我们在洛杉矶见面时，大家的头发都是黑色的，你看，现在我的头发都白了，您却还找不出一根白头发，这不是太不公道了吗？"梅兰芳略微知道卓别林遇到的一些坎坷遭遇，便安慰道："您比我辛苦，每一部影片都是您自编、自导、自演，您太费脑筋了。我希望您保重身体。"晚宴后，卓别林提出想看京剧，当晚梅兰芳没有演出，于是提议去新光大戏院看马连良的《法门寺》。观众听说卓别林来了，都热烈鼓掌，卓别林也频频招手致意。卓别林在台下听得很入神，还边听边在膝头打着拍子，并对身边的梅兰芳说："中西音乐歌唱，虽然各有风格，但我始终相信，把各种情绪表现出来的效果是一样的。"

　　卓别林在上海只停留了一天，作为好友的梅兰芳也陪了卓别林一天。

卓别林

旅行途中，卓别林收到了一张便条，署名是让·科克托，法国诗人、小说家、剧作家和电影导演。便条上说：他和卓别林多年来一直失之交臂，这次到了南中国海，一定要见见。

起初，卓别林不太相信，一个在巴黎市内的忙人，怎么可能跑到南中南海来呢？但是这张纸条却是真的，当时让·科克托是因为工作的关系来这里的。卓别林和让·科克托的见面使两个人都很兴奋，两个人大谈彼此对生活和艺术的看法。科克托的语速很快，他赞赏卓别林是一个阳光下的诗人，而他自己是一个黑夜里的诗人。

时间过得真快，不知不觉，愉快的旅行结束了。卓别林和宝莲在新加坡搭了一条日本船回美国。刚到贝弗利山家里，电影制片厂就传来了好消息，《摩登时代》自从放映后，便一直魅力不减，现在已经风靡全国。

这时，卓别林和宝莲已经结婚一年。有人说"跟他共事或结婚并不容易，而且他常常混淆这两种状态"。卓别林跟宝莲的情况就是如此，他们渐行渐远。但是，他们仍然恋家、关心孩子，对外极力否认离婚的传言。卓别林为了帮助宝莲争取《乱世佳人》中的郝思嘉，还特意请了英国戏剧演员为她单独授课，并再三通过电话向制片人塞尔兹尼克求情。虽然最后一切未能如愿，但卓别林确实为了这件事付出了努力的。1938年，宝莲陪同卓别林在旧金山附近的小港湾肯美尔城住了几个月。那时，战争阴云密布，纳粹分子步步逼近，卓别林毅然停止了为宝莲编写爱情片的计划。

卓别林对工作的巨大热情和那时不太好的情绪都加速了这段感情走到尽头。1942年，卓别林和宝莲在墨西哥和平分手。至此，卓别林的第三次婚姻结束。

三十、《大独裁者》

对于纳粹的丑恶行径，卓别林一向是深恶痛绝的，他一直想拍一部电影来讽刺阿道夫·希特勒的丑恶嘴脸。

早在1937年，卓别林的朋友，英国电影导演、制片人亚历山大·科达曾建议卓别林：可以根据面貌相似性引起误会的情节，编一篇有关希特勒的电影故事，因为希特勒和流浪汉都留着小胡子。当时，卓别林没有想太多，现在，当卓别林要着手拍一部关于希特勒的电影时，这个建议就显得相当重要。于是，他开始构思一项代号"七号"的大工程，这就是后来震惊影坛的《大独裁者》。

1937年10月，他开始拍摄影片《大独裁者》，旨在告诫世界人民警惕希特勒蛊惑人心的危险性。这是卓别林第一部完全的有声电影。宝莲·高黛仍是这部戏的主角。

在影片中，他一人扮演两个角色，一个是小流浪汉的化身，一名在塔梅尼亚军队里服役，纯真可爱、成事不足败事有余，却又勇气十足的犹太理发师；另一个是扮演大独裁者兴格尔。通过这两个角色辛辣地讽刺了希特勒。

这部电影是卓别林拍过电影中规模最大、问题也是最多的一部。《大独裁者》的故事在第一次世界大战的西线展开，德国人

要吓倒协约国军队,准备使用射程 75 英里的大炮。他们满以为一炮就可以炸平兰斯大教堂,没想到没瞄准,结果只炸毁了一个公共厕所。

电影拍摄一半的时候,卓别林收到了联美公司发来的警告。有律师告诉他,可能会遇到麻烦,英国办事处也为放映反希特勒的影片担心。在那样一个希特勒高压统治的时代,卓别林能够拍这样一部影片,确实需要勇气。此时,卓别林已经下决心,将这部影片拍到底。即使是自己租剧院放映也在所不惜。

卓别林毫不客气地利用了他和希特勒的种种相似之处,他的电影此时已经在德国禁演。然而,《大独裁者》仍然有许多精彩片段。

片段之一就是独裁者兴格尔在玩一个气球似的地球仪。他先把固定的地球仪转来转去,仿佛抱着这个地球仪,全世界就归他所有了。他望着地球仪,流露出贪婪的眼神,很好地呈现出兴格尔,那个荒谬者的变态美梦。接着,他抛起地球仪,开心地跳起了舞蹈,气球飞上飞下,仿佛是兴格尔日渐膨胀的对权力的欲望。正当兴格尔跳得起劲时,只听"砰"的一声,气球不见了,接着下一个镜头是,兴格尔缓缓抬起了右手,是气球破碎的残皮。这一段的设计既有趣,又寓意深刻,它向观众传递了一个信息:法西斯终究会灭亡。

片段之二是卓别林在《大独裁者》中的演说词,据说卓别林在表演这一段时,是即兴上前说了这样一段话,也有人说,那是他一直以来架构在头脑中的,所以说出来,才如此顺畅,语意完整,含义也深刻。这段演讲是剧中人物说的,但当卓别林走上麦克前的时候,人们发现,那不是剧中的人物,那实际上就是卓别

林自己在直抒己见,对法西斯的议题提出批判。这段演讲词无论在过去和现在都是震撼的。全文如下:

遗憾得很,我并不想当皇帝,那不是我干的行当。我既不想统治任何人,也不想征服任何人。如果可能的话,我倒挺想帮助所有的人,不论是犹太人还是非犹太人,是黑种人还是白种人。

我们都要互相帮助。做人就是应当如此。我们要把生活建筑在别人的幸福上,而不是建筑在别人的痛苦上。我们不要彼此仇恨,互相鄙视。这个世界上有足够的地方让所有的人生活。大地是富饶的,是可以使每一个人都丰衣足食的。

生活的道路可以是自由的,美丽的,只可惜我们迷失了方向。贪婪毒化了人的灵魂,在全世界筑起仇恨的堡垒,强迫我们踏着正步走向苦难,进行屠杀。我们发展了速度,但是我们隔离了自己。机器是应当创造财富的,但它们反而给我们带来了穷困。我们有了知识,反而看破了一切;我们学得聪明乖巧了,反而变得冷酷无情了。我们头脑用得太多了,感情用得太少了。我们更需要的不是机器,而是人性。我们更需要的不是聪明乖巧,而是仁慈温情。缺少了这些东西,人生就会变得凶暴,一切也都完了。

飞机和无线电缩短了我们之间的距离。这些东西的性质,本身就是为了要发挥人类的优良品质:要求全世界的人彼此友爱,要求我们大家互相团结。现在世界上

卓别林

有千百万人听到我的声音——千百万失望的男人、女人、小孩——他们都是一个制度下的受害者，这个制度使人们受尽折磨，把无辜者投入监狱。我要向那些听得见我讲话的人说："不要绝望呀。"我们现在受到苦难，这只是因为那些害怕人类进步的人在即将消失之前发泄他们的怨毒，满足他们的贪婪。这些人的仇恨会消逝的，独裁者会死亡的，他们从人民那里夺去的权力会重新回到人民手中的。只要我们不怕死，自由是永远不会消失的。

战士们！你们别为那些野兽去卖命呀——他们鄙视你们——奴役你们——他们统治你们——吩咐你们应当做什么——应当想什么，应当怀抱什么样的感情！他们强迫你们去操练——限定你们的伙食——把你们当牲口，用你们当炮灰。你们别去受这些丧失了理性的人摆布了——他们都是一伙机器人，长的是机器人的脑袋，有的是机器人的心肝！可是你们不是机器！你们是人！你们心里有着人类的爱！不要仇恨呀！只有那些得不到爱护的人才仇恨——那些得不到爱护和丧失了理性的人才仇恨！

战士们！不要为奴役而战斗！要为自由而战斗！《路加福音》第十七章里写着，神的国就在人的心里——不是在一个人或者一群人的心里，而是在所有人的心里！在你们的心里！你们人民有力量——有创造机器的力量。有创造幸福的力量！你们人民有力量建立起自由美好的生活——使生活富有意义。那么——为了民主——就让我们使出那力量来吧——就让我们团结在一起吧。就让

我们进行战斗，建设一个新的世界——一个美好的世界，它将使每一个人都有工作的机会——它将使青年人都有光明的前途，老年人都过安定的生活！

那些野兽也就是用这些诺言窃取了权力。但是，他们是说谎！他们从来不去履行他们的诺言。他们永远不会履行他们的诺言！独裁者自己享有自由，但是他们使人民沦为奴隶。现在，就让我们进行斗争，为了解放全世界，为了消除国家的壁垒，为了消除贪婪、仇恨、顽固。让我们进行斗争，为了建立一个理智的世界——在那个世界上，科学与进步使我们所有的人获得幸福。战士们，为了民主，让我们团结在一起！

哈娜，你听见我在说什么吗？不管这会儿在哪里，你抬起头来看呀！抬起头来看呀，哈娜！乌云正在消散！阳光照射出来！我们正在离开黑暗，进入光明！我们正在进入一个新的世界——一个更可爱的世界，那里的人将克服他们的贪婪，他们的仇恨，他们的残忍。抬起头来看呀，哈娜！人的灵魂已经长成了翅膀，他们终于要振翅飞翔了。他们飞到虹霓里——飞到了希望的光辉里。抬起头来看呀，哈娜！抬起头来看呀！

卓别林成了他所处时代的代言人。当时正值第二次世界大战，整个欧洲处于战火之中。卓别林如此评论时局和法西斯主义的本质，这番演讲是鼓舞人心的。当时对于卓别林的直言，有的人觉得卓别林有点自以为是，其实不是，卓别林是经过深思熟虑的。他的人生态度是认真的，他对许多事情陷入了深刻的思考，比如

卓别林

他密切注视着德国和西班牙的事态变化。他说的每一句话至今仍不减它的真实性和重要性。

《大独裁者》一片接近完成时，卓别林的好朋友道格拉斯·范朋克和妻子茜尔维亚来看卓别林拍外景。最近五年里，道格拉斯和卓别林很少见面。看了卓别林的拍摄，开朗的道格拉斯一贯地哈哈大笑，并说："我真希望早点看到它。"

谁知，这一次竟是这两位好朋友的最后一次见面，卓别林永远忘不了道格拉斯离开时，道格拉斯在妻子搀扶下越走越远的背影。对于道格拉斯的离世，卓别林深深怀念，道格拉斯是卓别林的好朋友之一，他们曾一起开创事业，他也是他生活中的好伙伴，多少个无聊的周末，道格拉斯给卓别林打来电话，让他去玩儿。如今，卓别林顶着巨大压力拍摄《大独裁者》，周围反对声如潮，他也越加感到真正友情的可贵。

拍摄《大独裁者》期间及完成时，卓别林不断收到来信，有的恫吓，说放映时要向影院扔臭气弹；有的进行威胁，说要去制造混乱。卓别林自己是不害怕的，但是怕电影放映时，纳粹分子的到来会伤到无辜的群众。有人让他去请教码头装卸工人工会会长哈里·布里奇斯。

卓别林说："这部电影初映的时候，我是否可以，比如说，请你们二三十位码头工人来看，让他们分散在观众们当中，要是那些纳粹分子捣乱，你们的人就轻轻跺脚，别让他们闹得厉害起来。"哈里告诉卓别林，你的影迷会去对付那些坏蛋，再说纳粹分子是不敢在光天化日之下捣乱的。

不管怎样，卓别林的《大独裁者》如期首映了，卓别林为此包了两个戏院。

在公映前，预映给报界的朋友们看，结果看着看着，观众就会情不自禁地发出笑声。哈里也说这是一部值得看的电影。《大独裁者》继续在卡皮特戏院放映，观众看得如痴如醉。这部电影并没有像有些人说的那样收不回成本，相反，他是卓别林截至当时，拍得最赚钱的电影。

关于这部电影，评论不一。因为这次涉及了政治。

不说别人，单说卓别林和宝莲就不一样。卓别林支持苏联，宝莲则站在美国的一边。

有趣的是，爱好电影的希特勒竟然两次去看这部影片，为了让自己显得更有亲和力，这位独裁者也留起了卓别林式的小胡子。

也许在那个时代，大家有言论也不敢贸然表态。然而事隔多年，有的观众说：你可以说同盟国解放了欧洲，但卓别林让我们心灵得到了解放。还有人说卓别林通过天才的表演把希特勒这个怪物贬低成一个可悲、荒谬又恶毒的小丑。

三十一、遭到迫害

截至当时，美国尚未卷入欧洲战事。但1941年12月7日，日军突袭珍珠港，美国被迫参与战争。

这时，苏联军民一方面顽强地抵抗着德国惨无人道的进攻，一方面呼吁开辟第二战场。罗斯福总统拥护这一主张，但可恶的纳粹分子暗中搞破坏，虚假宣传，离间美国和苏联的关系。苏联战场上每天死亡的人数都在增加，卓别林为苏联忧心忡忡，他多次在群众集会上呼吁"向苏联提供军援"。

有一次，在卡内基音乐厅举行的集会上，卓别林被邀请发言。那天，他打了黑色的领带，穿着一件无尾长礼服，衣冠楚楚地走到舞台中央。台下想起了雷鸣般的掌声，掌声平息后，只见他举起右手，说了一句，"同志们！"现场瞬间为之疯狂。接着，卓别林加重了语气，固执地说："我就是要说同志们。"接着，下面又想起了一阵掌声。卓别林接下去说道："我想，今天晚上这里有许多苏联朋友，这时候贵国人士正在前仆后继，浴血奋战，所以，管你们叫同志是一种光荣，也是一种权利。"许多人边鼓掌边站了起来。

卓别林又无限深情地说下去："我不是共产党员，我是人类

的一员，我想我了解人类的情感。共产党员与其他人并无不同之处，当他们失去手臂或大腿，和我们一样会感到痛苦，和我们一样会死亡。共产党员的母亲与常人的母亲也是相同的，如果获悉儿子不能生还的噩耗，她和任何母亲一样也会哭泣……"

不知不觉，卓别林说了40分钟，事前没有准备，想到哪里就说到哪里。台下人听得情绪高涨，有人不禁擦起了眼泪。他甘愿冒着大不韪支持苏联。

卓别林越说越激动，"现在又打仗了，我在这里讲话，是为了战时苏联难民的救济工作。钱可以帮助他们，但他们需要的不仅是钱。我听说，同盟国现在有二百万军队在爱尔兰北部闲待着，而苏联人民则在单独对抗大约二百个纳粹师。苏联人，是我们的盟友，他们现在不但是捍卫他们的生活方式，同时也是在捍卫我们的生活方式，据我了解，美国人是愿意自己去进行战斗的。斯大林为此提出了要求，罗斯福为此发出了号召，所以，让咱们大家都发出呼吁：让我们现在就开辟第二战场！"

卓别林话音一落，台下想起了经久不息的掌声。

当时的卓别林没有意识到，正是这些话，为他带来了麻烦。

后来，卓别林又参加了几次类似的集会。

这期间，卓别林的个人生活遇到了一个麻烦。一个名叫琼·安贝瑞的精神情况不甚稳定的女子，有一天晚上携带枪支闯进了卓别林的住宅。她威胁卓别林要自杀，卓别林劝她别做傻事，后来，这个女人就放下枪走了。卓别林说那天是他这辈子最精彩的演出。

当时美国调查局有个人叫胡佛，1921年，他是调查局的副局长。1924年，司法部长任命他为代理局长。1924年5月10日，他被任命为调查局的第六任局长，随即他掌控了整个调查局。他

因不择手段调查和迫害进步人士而臭名昭著。

而卓别林那个时候作为公开支持苏联的人士,没有幸免于难。

不久调查局开始调查卓别林,调查局说卓别林违反了曼恩法案。这条禁止因不道德原因而将女子运过州界的法律实在很荒谬,他们用这条法律控告卓别林,实在有点"欲加之罪,何患无辞"的味道。不过,后来卓别林胜诉了。

与此同时,那个精神状况有点问题的琼·安贝瑞又出来了。她对卓别林提出控诉,说卓别林是她孩子的父亲。

两件官司闹得满城风雨,卓别林成了人们谈论的热门话题,只是这次他们谈论的不是他的电影,而是他的私生活。真的永远是真的,假的永远是假的。经过血检,那个女人的孩子不是卓别林的。

奇怪的是,加州法律不承认血检结果,卓别林输了官司,同时失去的,还有美国人对小流浪汉的喜爱。尽管孩子不是他的,他还是默默地付给了孩子生活费。

三十二、乌娜·奥尼尔

1942 年，53 岁的卓别林结识了美丽的乌娜·奥尼尔，她是诺贝尔奖获得者尤金·奥尼尔的女儿，当时乌娜 17 岁。少女乌娜是美丽动人的，她天使般的笑容很容易感染周围的人，她的可爱性情让人喜欢接近。第一次见面，乌娜就给卓别林留下了难以忘怀的印象：长相清秀，温柔娴静。卓别林对她一见钟情。

他们很快开始约会，在曼哈顿的各个角落都留下了这对有情人甜蜜的身影。这是卓别林人生中的最后一次爱情，也是最真挚的一次情感。乌娜虽然年轻，但她善解人意，值得信赖，卓别林和她在一起有种非常幸福的感觉。

当时卓别林被官司弄得焦头烂额，是乌娜陪着他度过了那段难熬的时光。

卓别林和乌娜情投意合，他们准备拍完《梦里人生》就结婚。谁知，乌娜的父亲不同意乌娜的婚事，并说如果她跟卓别林结婚，就一辈子不见她。此时，乌娜认准了卓别林就是她要在一起生活一辈子的人，善良的姑娘忍痛割舍了亲情。

卓别林永远忘不了一个日子，那就是 1943 年 6 月 16 日。这一天，54 岁的卓别林和 18 岁的乌娜来到了美丽的美国加州洛杉矶

卓别林

圣巴巴拉卡平特里亚，一个美丽宁静的小山村。他们在这里举行了神圣的婚礼。

早晨8点，他们先到圣巴巴拉的镇公所去登记。登记处与媒体有联系，一旦他们发现登记的配偶中有一个人是著名人物，就会通知媒体到来。具体办法是管理登记的人员悄悄按桌子底下的按钮。为了躲避热情至极的媒体，他们选择让乌娜先去登记，卓别林则在办公室外面等着。此刻，卓别林的心情是激动的。登过记后，他们就是夫妻了，虽然卓别林以前结过婚，但这次不一样，他期待着经历过人生大风大浪后有一个宁静的港湾，而乌娜就是他最好的伴侣。不一会儿，正在畅想美好生活的卓别林突然听到有人问："新郎呢？新郎在哪里？"

卓别林应声走了进去。登记的人一看是卓别林，都看呆了，自己今天怎么这么幸运，遇到了这么一个大人物。他满脸堆笑，说："啊，这可真是想不到啊！"边说，他还没忘要把手伸到桌下搞小动作。眼疾手快的乌娜赶紧催他尽快办手续。看得出，登记处的人不情愿这么快就办完手续，他磨磨蹭蹭，最后终于办完了一切手续。

乌娜和卓别林拿到许可证后，飞快离开屋子，登上他们的汽车。谁知，媒体真是迅速啊！此时，媒体的汽车已经开始尾随。圣巴巴拉安静的街道这天早上变得异常热闹起来。只见处在最前面的汽车拐进一个又一个支路，后面的汽车紧追不舍。加速行驶和紧急刹车使汽车不时发出尖厉的声音，仿佛也为这支疯狂的"车队"助威。第二天，卓别林结婚的消息登上了全球报纸的首要位置。

不管怎么说，卓别林夫妇登完记后，心情是舒畅、快乐的。

乌娜的到来使得卓别林开始拥有一种从前不曾有过的安定感和幸福生活。查理·卓别林，银幕上的喜剧之王，此时只想过普通人的生活。卓别林夫妇在圣巴巴拉租了一幢房子，准备在那里度过两个月的蜜月生活。他们的住所比较隐蔽，没有人知道他们在这里，所以，卓别林夫妇可以安静地生活。只是，偶尔门铃响起，他们会吓一跳。

　　卓别林夫妇比较钟爱散步，每天傍晚，在夕阳的陪伴下，乌娜和卓别林悠闲地在林间散步。乡村的宁静让卓别林忘记了一切烦恼，他真希望时间就此停住。以前卓别林在英国的时候，每次遇到苦闷，总是一个人在大街上走，好几次，都是走到天黑，才回到住的地方。现在不同了，卓别林娶到了一个好妻子——乌娜。偶尔，想到世人的不理解和不能继续拍喜爱的电影，卓别林的心头闪过一丝苦闷。聪明了乌娜看到后，总会想出办法逗卓别林开心。她会蜷缩在沙发上给卓别林读《特利尔比》。这是部维多利亚时代色彩浓厚的小说。喜剧神经敏感的卓别林能够听出它的喜剧意味，他觉得作者长篇累牍地提出了许多理由，说明特里尔比为什么一再慷慨地牺牲她的贞操，很是搞笑。屋子里的炉火总是被烧得很旺，屋子里的人幸福无比，这一刻的安静实在难得，这一刻的温馨叫人沉醉。

卓 别 林

三十三、远走他乡

联邦调查局此时盯上了卓别林，他们在报纸上对卓别林进行攻击。

起初，他们在亲子案上做文章，即使验血已经证明了卓别林是清白的，他们还是没有放过卓别林。他们反复地取证、调查，甚至用过了时的法律来为卓别林罗列罪状。目的就是让卓别林名誉扫地，甚至驱逐出美国。

此时的卓别林和乌娜也想离开这个是非之地。此时的乌娜已经怀孕，他们需要到一个安静的地方进行休息。

于是，卓别林夫妇带上他们的小黑猫，来到了奈亚克，在那里租了一所房子。住处远离市郊，四周还有石块。但是这幢1780年建造的小屋有它的可爱的地方，它非常舒适，而且有佣人给主人进行周到的服务，他们还厨艺精湛。而这一切，都是卓别林夫妇需要的。

卓别林夫妇住的地方有一条黑色的大狗，是以前房子的主人留下的，这只狗对卓别林夫妇非常友好，就像一个老朋友一样对待这对儿患难的夫妇。甚至这只大的黑狗对小黑猫也是友好的，面对小黑猫的张牙舞爪，大黑狗只是温顺地趴在那里，像一个长者宽容地对待一个调皮的孩子。

在奈亚克那段清苦的日子，卓别林没有放弃他喜欢的电影，起码他还可以创作。《凡尔杜先生》这部他的新剧，在他的努力下，已经快写完了。

卓别林本来想在奈亚克多住一段日子，但是他需要到加州开展工作，所以，在奈亚克呆了5个星期后，卓别林夫妇返回加州。

乌娜是个贤妻良母，为了家庭，她放弃了事业，这点令卓别林十分感动。因此，卓别林也放弃了专门为乌娜定做的《梦里人生》的拍摄计划，决定重新创作《凡尔杜先生》，因为他对原来写得不太满意。

三十四、《凡尔杜先生》

在卓别林受审的日子里，许多好朋友都来安慰卓别林夫妇。他们对卓别林是那样忠实，那样同情。他们是一群富有正义感的人。

事隔多年，卓别林依然记得这些人的名字。他们是：萨尔卡·维尔特、克利福德·奥德茨夫妇、汉斯·埃斯勒夫妇、福伊希特万格夫妇。

波兰女演员萨尔卡·维尔特经常在家中举行晚宴，一些艺术家和文人都是座上客。其中包括：托马斯·曼、贝托尔特·布莱希特、舍恩博格、汉斯·埃勒斯、莱昂·福伊希特万格、斯蒂芬·斯彭德、西里尔·康诺利。

卓别林与这些人的相聚是愉快的，他迫切想与人交流电影。他把《凡尔杜先生》剧本拿给贝托尔特·布莱希特看。卓别林崇拜西奥多·德莱塞。德莱塞虽然有些时候怒火满胸，但为人亲切温和。他逝世后，剧作家约翰·劳森在丧礼上致悼词，要卓别林去抬灵柩，并朗诵一首德莱塞写的诗，卓别林都照办了。

《凡尔杜先生》历经两年的修修改改，终于完成了。这是一部描写恐怖事件的喜剧，剧中的主人公不再是那个到处制造麻烦而

又能在关键时刻化险为夷的小流浪汉夏尔洛了。故事改编自法国亨利的《凡尔杜杀妻案》,但是在卓别林的巧妙编剧下,变成一部对中产阶级批判的电影。

《凡尔杜先生》又名《杀人狂时代》,讲的是法国一家银行的小职员凡尔杜,善良而忠厚,三十年来勤勤恳恳地工作。1930年经济萧条时,他失了业。他就异想天开,去追求头脑简单、有点财产而又迫切想结婚的中年寡妇或老处女。他同她们恋爱、结婚,然后杀掉她们,继承她们的遗产。他频频选择猎艳对象,得到了一笔笔不义之财。谋杀上瘾的凡尔杜从药剂师朋友那里得到了一种无色无味的毒药,这种毒药能使人窒息而反应却如同发心脏病一样。他非常高兴,决定找一个人试试。在下雨的街头,他遇见了流落街头的可怜女郎,顿生了怜悯之心,他没有用毒药毒害她,还请她吃了饭,给了她一些钱。凡尔杜并没有停止作案,终于一次案件让他露出了马脚,他被抓了起来。

《凡尔杜先生》这部喜剧的内容虽然是恐怖故事,但它终究是一部喜剧。其中许多搞笑的细节让人难忘。凡尔杜先生笨拙的杀人之举让人发笑,他和一位妇女坐船游玩,妇女专心致志地钓鱼,他则在后面做了绳套,准备找准时机套在妇女的脖子上。他一步一步逼近妇女,妇女回过头来,问:你拿个绳套做什么?凡尔杜说:"钓鱼啊。"妇女笑凡尔杜笨,说,别傻了,这怎么钓鱼。凡尔杜把绳套套在妇女的脖子上,说,就像这样,边说边拉紧了绳子。正在这时,有人在他们对面唱歌,间接制止了凡尔杜的进一步行动。妇女失望地说:"讨厌,竟找不到一个只有我们两个人的地方。"这一段实在搞笑,处在危险中的妇女竟浑然不知,还要找一个只有两个人的地方。

卓别林

虽然凡尔杜是个杀人犯，但是他还有善良的一面。在给玫瑰花修剪枝条的时候，生怕踩死一条小青虫。影片中有凡尔杜反复数钱的动作，他熟练的动作、无辜的眼神，既让人感到他的麻木不仁，又让人对其产生一种悲悯之心。

卓别林有点借本片阐释他对资本主义看法的意味。他通过凡尔杜之口，辛辣地控诉了军火商、垄断资本家为了利润在战场上屠杀着千百万的生命。他在法庭上那段话，让人印象深刻，那是对资本主义最好的讽刺。法官问他：你在判罪之前还有什么话要说吗？

凡尔杜说了下面一席话：

> 我的确有话要说。尽管检察官不愿对我做出任何美言，他至少承认我有头脑。谢谢，我的确有头脑。35年来我一直诚实地运用我的智力，但我突然被人弃之如敝屣，我被迫自立门户。至于说我杀人如草芥，难道世人不鼓励这种行为吗？各位制造大规模的毁灭武器不就是为了屠杀吗？各位难道没有以极有效率的手法，将无辜妇孺炸得血肉模糊吗？相形之下，我的手法是外行又没有效率。

能够在那个时代，明知可能受到迫害的情况下，却仍然呼唤和平，与资本主义不合理制度做斗争，卓别林的伟大人格已经超出他影片的价值和意义了。

尽管这部喜剧有众多的出彩之处，但是在那个大环境的背景之下，它没有被讨好。一些退伍老兵对这部影片产生非议。

时间到了1978年的时候，巴西《标题》杂志刊登的世界有史

以来100部最佳影片中，此片名列第四十九，这部影片终于得到了认可，成为世界电影史册中不可多得的一部佳作。

《凡尔杜先生》放映后，尽管卓别林这时讨厌记者的询问，但他为了电影，还是招待了记者。结果记者们不是就电影提出问题，而是就其他问题展开了询问。

一位女记者首先发言："请问，您是共产党员吗？"

"不是"，卓别林明确回答，"我不是共产党人，我是贩卖和平的人。"

接着一个样子邋遢的人，他没脱去外衣，正俯身凑近一份发言稿在宣读。他声音小，且吐字不太清。

"对不起，"卓别林说，"只好请您再读一遍，我一个字也听不出您说些什么。"

他开始读到："我们，代表天主教退伍军人……"

卓别林打断了他的话："我不是到这儿来答复什么天主教退伍军人的问题的，这是一次记者招待会。"

"你为什么不入美国籍？"另一个声音说。

"我认为无需改变我的国籍。我把自己看做是一个世界公民。"卓别林回答。

下面起了一阵骚动。两三个人同时抢着发言。一个人的声音盖过了其他的声音："可是，你在美国赚钱。"

"啊，"卓别林笑着说，"如果您要算钱的帐，那咱们可得把问题谈谈清楚。我做的买卖是国际性的，我的收入百分之七十五来自海外各地，美国从这些收入里大大地抽了一笔税，可见，我还是一个花了大钱，应当受欢迎的旅客呢。"

那个天主教退伍团的人又尖着嗓子说："不管你的钱是不是

在这儿赚的,我们在法国登陆的人,看见你不做这个国家的公民,都很愤慨。"

"在那些海岸登陆的人也不只是您一位,"卓别林说,"我的那个儿子也在那儿,在巴顿的军队里,在最前线,可他们并没有像您一样在这发牢骚,或者夸耀这件事。"

面对记者们指控他同情共产主义,卓别林的回答机智、冷静、中肯。而美国国内此时弥漫的对共产主义的疯狂仇视让记者们对卓别林的回答不屑一听。

卓别林乐于承认自己钦佩苏联人民的勇敢精神,他不从政治角度去对一个人进行判断。他的好朋友保罗·罗宾逊和剧作家托尔德·布雷希特都是有共产党员身份的人。

也许是上次记者会卓别林的回答让天主教退伍军人难堪,天主教退伍军人团提出驱逐卓别林出境的主张。有一次,联邦调查局对卓别林进行了4个小时的盘问,他们对卓别林的私生活和种族渊源进行提问,这真是种无聊至极的提问。面对咄咄逼人的美国联邦调查局,卓别林表现出了一个民主人士的风范,他拒绝说出他憎恨所有共产党人这样的话来。

卓别林关心的依然是他的电影。卓别林夫妇和玛丽·璧克馥一起去看《凡尔杜先生》的首映。

电影放映了,卓别林的心提到了嗓子眼儿,电影院内的气氛令人感到不适。敏感的卓别林也感觉到了,他觉察到今天的笑声与以往不同,现场的笑声是分散的,零零落落的笑声刺痛了卓别林的心,这种感觉比报界的一切故意攻击更让卓别林伤心。

其实,观众的笑声少不能说这部电影不好,这部电影与卓别林以前的《淘金记》《城市之光》《从军梦》不同。以前的那些

电影虽然也是有积极意义，但是喜剧成分占的多一些，另外，那些影片中的许多手法都是新的，所以那些影片会让观众忍俊不禁。而今天的《凡尔杜先生》则是多了一些批判现实主义的成分，主人公也不再是夏尔洛。

可是，卓别林一向对电影要求甚高，所以他会有一种小小的落寞之情。多年之后，人们重新对《凡尔杜先生》做出评价，证明它是一部既幽默又有现实意义的优秀电影。

《凡尔杜先生》首映后，卓别林招待了一百多位朋友。有人跟卓别林说："查理，他们这些坏人，是要利用你的影片搞政治呀，其实，这部电影是你的成功之作，它是观众们喜爱的。"而此时的卓别林已经将人们的看法置之度外了，又或许这些原因他比谁都清楚，卓别林已无心去计较。

三十五、《舞台生涯》

在遭受迫害的环境中，卓别林渐渐摆脱了《凡尔杜先生》给他带来的苦恼，他已经着手拍摄一部新的电影。这部新的电影就是《舞台生涯》，主题是爱情故事。

《舞台生涯》又叫《舞台春秋》。故事发生在1914年初夏的伦敦。一位曾经闪耀、如今落魄的年迈的戏剧演员，他醉醺醺地回到家里。正当他拿着钥匙开门时，闻到了一股特殊的气味，他又返回到楼下。原来，楼下住着一位少女，此时她正静静地躺在床上，企图用煤气自杀。老演员连忙把少女送到医院，少女得救了。后来，少女告诉老演员，她的梦想是当一位伟大的舞蹈家，可是，她的双腿患上了麻痹症，无法再跳舞，这对于一个有跳舞梦想的女孩是多么大的打击啊。少女和老演员成了患难之交，他们经常在一起谈心。一位朋友知道了这位老演员的处境，就资助了他几个星期。老演员在人丁稀落的剧场卖力演出。少女在老演员的鼓励下，渐渐走出了阴霾。老演员也开始戒酒。尽管努力，老演员的观众还是日渐稀少，且最终被剧团老板解雇。这时，少女反过来给他鼓励。少女渐渐站了起来，完全恢复后，她又去跳舞，并大受欢迎。这时，少女见到了以前的男朋友，他没有忘记少女，想与少女重归于好。可是，少女忘不了给了她帮助的老演员。几经波折后，少女帮助老演员重新回到舞台，可是过度的疲劳和酗酒，让老演员的心脏超过了负荷。他倒在了舞台上，没有等到救护车的到来，就离开了人世。

这时卓别林已经六十多岁了。他在这部伤感的电影里揉进了他对世事的感悟，他想通过这部电影表达对爱情、死亡的观点。他把喧闹的喜剧和旧戏院的凄惨悲凉贯穿于电影中。这部电影里的卓别林已经成为一个生活中随处可见的普通人，他去掉了以往影片中浓厚的油彩，他更加真实地展现在观众面前。他对人生和社会有了更深的思考。

他在剧中的角色卡维洛，直接反映出他现实生活中的绝望、疲惫。喜剧演员的不易没有人比卓别林更清楚了，如果观众不想笑了，的确很悲哀，但是当你看到台下观众因为你的出演而乐不可支的时候，你的成就感又是无以用语言表达的。

在《舞台春秋》中，卓别林和他的朋友，同样是著名喜剧演员的巴斯特·基顿有精彩的对手戏。他非常尊重巴斯特，他帮巴斯特安排的位置恰到好处，完全没有贬低的意思。他们两个都做了最精彩的演出，他们互相欣赏。事实上，当时巴斯特时运不济，卓别林则是拥有自己电影公司的百万富翁。卓别林总是能设计许多俏头，他扮演的老演员在舞台上疯狂、沉醉地演奏，以至于一个翻转的拉琴动作，竟然将自己抛下了舞台。巴斯特在投入地弹钢琴，不经意一抬头，发现人没了。巴斯特演得也很好，与卓别林配合默契。观众看到的下一个卓别林的镜头是坐在一个台下大盆里的小提琴手仍在忘我地拉动琴弦。工作人员不得不把大盆和卓别林一起抬到舞台上。

卓别林

卓别林作为一位表演艺术家，他又是一位老师。这次演出他和当时刚满 20 岁的克莱尔·布鲁姆合作。事隔多年，克莱尔·布鲁姆每次提到《舞台春秋》的时候，都无法掩藏她兴奋的心情。她说是卓别林发掘了她，那些拍戏的日子，每天都让她感到这是种奇迹，能和这么大牌的演员合作简直是太幸运了。是卓别林让对电影一窍不通的她进入状态，是卓别林为她做每一场戏的示范。大到整部电影的把握，小到具体姿势的设计，卓别林都给予克莱尔耐心、专业地讲解。克莱尔·布鲁姆后来回忆说，卓别林在表演女性时，比年轻的女演员更女性化，更迷人。

《舞台生涯》的准备工作，总共历时 18 个月。卓别林需要为影片配置音乐，以前卓别林也为影片配置音乐，但是那时候是先有影片后有舞蹈动作。这次却要求先有曲目，然后编排芭蕾舞。所以，这次难度之大要超过以往任何一次。

经过努力，卓别林还是根据需要完成了一支舞曲。为了检查效果，卓别林请来了俄罗斯芭蕾舞演员兼导演安德烈·叶格列夫斯基。安德烈·叶格列夫斯基和女演员麦丽莎·海登根据卓别林的音乐表演了舞蹈。表演结束后，两位专业人士都说乐曲是适合跳芭蕾舞的。卓别林的卓越才能又一次得到了肯定。

此时，卓别林和乌娜的生活非常幸福。他们已经有了 4 个宝宝：杰拉尔丁、迈克尔、约瑟芬和维多利亚。卓别林在贝弗利山庄享受着幸福的天伦之乐，每到周末，总会有好朋友来做客，其中有剧作家，也有电影导演。

哲学家威尔·杜兰特是卓别林的朋友，他当时也在好莱坞。他曾问卓别林怎么看待"美"，这位伟大的表演艺术家是这样回答的："我认为那是一种死亡与乐趣的无所不在的表现，一种我们

在自己和一切事务中觉察到的带有笑意的悲哀，一种诗人能够感觉到的心灵与外物的神秘的冥合——它的表现，可以是照射在垃圾箱上的玫瑰花，也可以是丢弃在阴沟里的一朵玫瑰。埃尔·格雷科曾经从十字架上我们救世主身上发现了美。"

卓别林这番对美的见解，在他的影片中可以得到很好的印证。无论是以爱情为主题的《城市之光》，还是讽刺为主题的《大独裁者》，甚至是关于杀人狂故事的《凡尔杜先生》，里面都有对美的呈现。《城市之光》中夏尔洛对盲人姑娘的爱是一种美，《大独裁者》中卓别林讽刺希特勒的那一段舞蹈是一种美，《凡尔杜先生》中凡尔杜优雅、简练的动作也是一种美。

三十六、离开美国

美国的反共狂热掀起了新的、更为疯狂的咆哮。1950年，参议员约瑟弗·麦卡锡声称，他已经掌握了美国国务院内两百名共产党人的名单。恐怖开始蔓延开来。有人利用麦卡锡主义解决宿怨、报仇雪恨，麦卡锡主义成为一种工具。许多善良、正派的人士受到伤害。

好莱坞也有许多正义之士受到攻击，以至于一些优秀的演员从此告别他们喜爱的舞台。

1952年9月，卓别林夫妇及4个孩子回伦敦参加《舞台春秋》的世界首映礼。轮船启起后刚在海上航行了两天，美国司法部长突然宣布，禁止卓别林再度入境美国。他到伦敦时气坏了，他叫乌娜回美国，说："把一切都卖了，把房子、电影公司都卖掉。""我们不回去了。"在离开美国时，卓别林曾经发表声明，召开记者招待会，说："我们打算到英国各处去玩，去所有的古迹去看，我们当然会去史特拉弗、爱丁堡等地。这是我太太第一次出国，我们自然会想多看一些东西。"有记者问他："可能美国政府打算不再让你入境？"卓别林沉着地说："我已经……我只能重复我之前说过的话，我想这件事已经成为定局了。"记者招待会开完，卓别林一如以前，绅士地、礼貌地说谢谢。他保留了他的尊严。

在滑铁卢车站，卓别林夫妇受到了热情地接待。人们对他创造的神话由衷地钦佩，有人说："瞧，你可真厉害呀，查理。"还有人说卓别林是天才。这些人给了卓别林如家人般温暖地问候。在美国，仍有报纸对卓别林进行攻击，但也有些报纸保持了镇定。

《民报》杂志说："卓别林只是一位艺术家，数十年来他那犀光耀眼般的聪明才智，为他移居国家增添了光彩，为世界带来了欢乐。"

卓别林已经不愿去想那些恼人的事情，他只想和乌娜度过这次愉快的旅行。他想把自己的故乡介绍给乌娜，那里曾经有着太多的回忆。他们下榻在萨夫伊旅馆，卓别林迫切地把新建的滑铁卢大桥指给乌娜看，而桥下那条路记载了卓别林的童年时代。也许每个人对自己的故乡都有一种难以割舍的眷恋，无论他去过多么繁华多么美丽的城市，故乡的一切对于他来说，还是显得那么与众不同。看着英国伦敦的美丽景色，卓别林不禁想起巴黎协和广场上的浪漫，纽约黄昏日落的壮观。可是这些景色都比不上伦敦泰晤士河的安详，能给卓别林内心带来的沉静。

卓别林和乌娜还去了许多地方，他们在皮卡迪利和莱斯特广场上散步。肯宁顿的波纳尔三号也是一定要看的。此时，卓别林曾经住的房子已经人去楼空，即将进行重建。卓别林夫妇在肯宁顿路二百八十七号门口停了下来，卓别林曾经和雪尼还有卓别林的父亲住在这里。他们边走边聊，卓别林是个好向导，他给乌娜讲解这座城市以及他小时候的事。

联邦调查局对卓别林的调查无休无止，可能他们实在是没什么别的事情可做了。卓别林不在美国，他们就找曾经和卓别林在

卓别林

一起的人查问。他们询问卓别林曾经的管家，甚至查问卓别林25年前的妻子丽塔。这些正义、善良的人拒绝说出任何伤害卓别林的话。

这时，乌娜回美国处理了一些事情。她去保险箱里把钱提了出来，还回到贝弗利山的家里看了最后一眼。曾经的仆人们舍不得乌娜，乌娜也舍不得他们，但是终究是要离开的。

三十七、流亡的日子

卓别林从来没有为自己做的事情后悔过，他不肯为了所谓的爱国主义而去侵犯他人。在他眼里，每个人都有权利获得美好的生活，不分国家、种族。他不肯助纣为虐，他担心那些具有特权的爱国者，可能会形成一个个病毒细胞，最终使美国演变成为一个法西斯国家，而那才是一个真正的悲剧。

尽管在美国打拼事业，卓别林没有加入美国籍。他保持了原来的英国国籍，虽然他未曾就此做进一步的解释。但是显然，他不想让这个事情成为一个话题。他在美国赚钱，可是他也积极纳税，没有为政府少交一分钱。他积极工作，不做违法的事情，也没有利用自己的影响做一些不道德的事情，相反，他用他的方式报答社会，帮助一些人，他是一个好的公民。既然如此，为什么还要讨论他不加入美国籍的事情呢？

《舞台生涯》安排在莱斯特广场奥迪昂戏院里放映。这部电影是描写一个人间真情的故事，它不是一部喜剧。卓别林对观众的反映没有把握。虽然卓别林是一位以演喜剧为主的艺术家，但对于真正的艺术家，他的取材并不是单一的。

这次《舞台生涯》举行首映，是为了给慈善事业捐款。尽管

卓别林

在美国这部电影受到了抵制，但是影片还是打破了世界卖座纪录，获得了非常好的收入。伊丽莎白女王和爱丁堡公爵，在为王室举行的电影放映会上，接见了卓别林夫妇。联美公司伦敦分销办事处询问卓别林可否将《舞台生涯》送到丘吉尔首相官邸，放映给他看，卓别林当然很高兴这样做。几天后，丘吉尔首相致信卓别林表示谢意，说他很喜欢这部影片。

在巴黎，卓别林受到了热烈地欢迎。此时，卓别林的电影已经家喻户晓。樊尚·奥利奥尔总统在爱丽舍宫设午宴招待卓别林，英国大使馆也为卓别林设了丰富的午宴。各种荣誉纷至沓来。法国政府授给卓别林荣誉军团军官勋章；同一天，法国戏剧电影作家协会聘请卓别林为名誉会员，协会主席还给卓别林写了一封感人至深的信。他在信中赞赏了卓别林近四十年来的成绩，他对卓别林在世界电影中的地位给予充分肯定。在信中，他还进一步剖析了为什么会对卓别林给予如此高的评价。卓别林对电影全方位的贡献及高尚的人格，让卓别林对获得的至高荣誉当之无愧。这位主席在心中说他知道卓别林除了具有非凡的天才，还有更加刻苦地努力。这一点也很难得。这封信无疑是一个懂电影的人对卓别林的盛赞，能够在异乡得到知音，让卓别林非常感动。

在罗马，卓别林受到的热情款待和赞誉，不亚于巴黎。罗马也为卓别林颁发了勋章，总统和部长们没有受美国的影响，他们都亲切地接待了卓别林。那天晚上，戏院灯火辉煌，卓别林的电影即将首映。卓别林下车后对人们招手致意，这时，卷心菜和番茄朝卓别林扔过来，不过没有扔中，从卓别林身边擦了过去。后来卓别林被告知，这些闹事的是新法西斯主义者，而且年龄才十

几岁。经历过风风雨雨的卓别林表现出宽容的一面,他没有让当局对这些人予以追究,他只是淡淡地说了句:"他们还都是年轻的孩子。"

三十八、定居瑞士

　　流亡的日子虽然让卓别林居无定所，但好在他还有幸福的家庭陪伴着他。乌娜对他进行无微不至地照顾，孩子们活泼可爱。他也享受这种云游四海的生活，他不再急于拍一部电影，而是放慢生活步调，带妻子孩子去非洲、去东方。

　　闲暇之余，卓别林又表现出孩子的一面，他同孩子们做游戏，高兴的时候，做出各种可爱的动作。

　　1953年1月，卓别林一家在瑞士的韦维城的科西尔村的达邦别墅定居，其后他就在这里终老。这是一个美丽的地方，宅院漂亮，有一片果园，里面水果种类繁多，有鲜美可口的苹果、梨、李子，还有诱人的大黑樱桃。还有一片菜园，里面种植着绿莹莹的蔬菜，红红的草莓，金黄的玉米还有脆嫩的竹笋。阳台前面是广阔的草坪，卓别林经常和乌娜坐在那里休息，孩子们则在那里嬉戏。四周大树葱茏，远处湖泊清澈，群山环绕。

　　经过了近一年的时间，卓别林一家渐渐适应了当地的环境。孩子们很聪明，他们已经能够说流利的法语。看见妻儿现在都很幸福，卓别林也很欣慰。卓别林开始斩断自己和美国的一切关系，他决定在瑞士长住下去。

卓别林没有闲下来，他忙着写剧本、为老片重新配乐及写自传。他接受苏维埃的和平奖并将奖金分给穷人，他与美国渐行渐远。他曾经面带苦涩地说："美国唯一让我想念的就是那里的杏仁巧克力棒。"他和妻子也曾做香甜的巧克力给孩子们吃。

雪尼是卓别林家的常客。雪尼爱护卓别林，无论卓别林是文静秀气的小男孩，还是光芒万丈的影视巨星，抑或是那个受了迫害，有时有些沮丧的可爱老头儿，雪尼只知道他是他的弟弟。这对同母异父的兄弟感情历久弥坚。卓别林的孩子们也喜欢雪尼。他们对雪尼的一些事情觉得有趣，如雪尼娶了一名吉卜赛女子，雪尼不买房子，他总觉得他买了房子就会死在那里。雪尼也是一个怀旧和感情丰富的人，他有时会因为想得太多而心情不好，有时会看着夕阳潸然泪下。

卓别林的孩子也渐渐多了起来，由流亡前的4个，增加到5个，最后增加至8个。至此，卓别林家可算是人丁兴旺了。乌娜常常喜欢拿起摄像机，拍下了生活中的卓别林那些珍贵的镜头。

定居瑞士后，卓别林没有一直深居简出，他有时还是会回伦敦看望朋友，讨论电影。有一次去伦敦，卓别林接到通知，说赫鲁晓夫和布尔加宁要会见他。赫鲁晓夫看见卓别林很开心，他热情地与卓别林打招呼，还说苏联人民非常喜欢看卓别林的电影，他还请卓别林喝了颇有俄罗斯特色的伏特加。

尼赫鲁曾经也给卓别林写过信，他说他要到瑞士洛桑参加大使年会，想同卓别林见一面。尼赫鲁饶有兴趣地同卓别林谈论印度的政策，他知道卓别林曾经同印度圣雄甘地会过面，他对穷苦人的关心让尼赫鲁钦佩。

当时朝鲜危机紧迫，全世界人民都注视着恶劣的局势变化。

卓别林

中国大使馆打电话给卓别林，询问他是否可以在日内瓦为周恩来总理放映《城市之光》，卓别林欣然应允。

那是1954年夏，在景色秀丽的日内瓦莱蒙湖畔，一幢白色的三层别墅里，周恩来总理与世界影坛巨星卓别林进行了一次亲切而愉快的会见。早在卓别林的喜剧短片刚刚传入中国时，周恩来就曾欣赏过卓别林精湛的表演。在出席日内瓦会议期间，他看了卓别林的喜剧《城市之光》，同样欣赏至极。而卓别林也知道周恩来总理出众的领导、外交能力和高尚的品格，他对与周恩来总理的见面满怀期待。

一见面，周恩来总理就紧握卓别林的手，说："啊，四十年前，就在银幕上认识您了！"接着周恩来总理表达了对卓别林电影的喜爱，盛赞他杰出的电影才能。卓别林对周恩来总理的亲切问候表示感动，随后两个人就无拘无束地交谈起来。

卓别林以前就听说过关于中国的一些有趣故事，这次和周恩来总理见面，他的兴致更浓了。卓别林首先关切地询问了正在举行的日内瓦会议的有关情况。当周恩来告诉卓别林"一切都和平解决了"的时候，卓别林连声称赞周恩来总理是"决定和战的关键人物，为日内瓦会议做出了积极贡献"。

随后，应卓别林的要求，周恩来介绍了中国革命艰难而又光辉的历程。周恩来结束介绍后，卓别林回忆起1936年经过上海时所见到的中国人民在铁蹄下的悲惨生活情景，感叹地说，中国变了，希望有机会再去看看新中国。周总理当即热情地对卓别林发出邀请。

周恩来与卓别林一家共进午餐。卓别林说，他虽然不是一个共产党人，但衷心地希望中国人民、全世界人民都过上美好的生

活。

　　周总理用丰盛的午餐招待了卓别林，他请卓别林吃中国的香酥鸭，请卓别林喝中国的茅台酒，惹得卓别林连连夸奖："这种中国香槟才是真正男子喝的酒！"

　　两个人一共进行了7个小时的友好会面。送走卓别林后，周恩来深情地说："卓别林为人正直，正像他在电影中扮演的角色一样，不愧为当代杰出的艺术大师！"

三十九、不肯停歇的脚步

1954年，卓别林被授予世界和平理事会奖，他把金用于帮助巴黎和伦敦的穷人。

卓别林在流亡期间拍了两部电影。一部是1957年的《一个国王在纽约》，又称《纽约之王》。另一部是1966年的《香港女伯爵》。

《一个国王在纽约》的宗旨是鞭挞麦卡锡主义。他所扮演的国王夏多夫，是个现代的堂·吉诃德。这个新的银幕形象更广泛的意义在于揭露与反对虚假、伪善，争取和肯定民主、自由，维护人道主义、人类尊严。影片激怒了一些美国人，《法兰西晚报》的伦敦通讯员报道：刚一开始，美国记者就发动了攻击……几乎像吵架的样子。……指责他不该拍摄一部有倾向性的反美影片。卓别林气愤地回答道："我就应该听凭欺弄而毫无反应？我没有攻击美国，只是攻击一小撮心怀不善的人。"

卓别林认为自己并不是一个政治人物，也不是一个知识分子，更不是一个共产主义者，甚至也不是一个社会主义者。他从来没有读卡尔·马克思的著作。人们还可以说他是个资本家，因为需要出卖影片。其实他最关心的东西是尊严。

《香港女伯爵》是卓别林所拍的最后一部电影，它没有发挥卓别林电影以往的水准。电影讲的是一位俄罗斯伯爵夫人，在香港登上一艘豪华游轮，躲在一个客舱里，企图偷渡到美国，开始新的生活。不料，在那里邂逅了客房主人——一个有钱的外交官。两人开始误会重重，彼此了解后，却互生好感。本片中，卓别林客串了一个老乘务员的角色，主角是马龙·白兰度和索菲亚·罗兰。

在这部影片中，卓别林的儿子雪尼与索菲亚·罗兰同台，卓别林的女儿也在片中亮相。但是这部电影既不叫好也不叫座，这多少让卓别林有点消沉。

不过，他很快就从中振作起来，因为他的美满家庭让他很容易找寻到快乐。常常一家人聚在一起，自娱自乐地做着各种有趣的表演或是游戏，也不失为一种快乐。多年以前那个受妈妈指导的小男孩，现在已经成了演艺卓著的大师了，现在，他也为他的孩子们讲解表演，为他们做示范。

晚年的卓别林处处不忘表演，他会无意中展示几个动作或表情，表示他对生活的热爱，也说明他现在生活得很幸福。卓别林和家人常常去瑞士一家餐厅用餐，每餐必点的菜是鳟鱼。餐厅的人把活的鱼扔在锅里煮，所以上桌时鳟鱼仿佛在瞪着眼睛看着用餐的人们。孩子们都吓得半死，这时卓别林把盘子举起来，对着鳟鱼说："艾玛，亲爱的。"然后去亲吻鳟鱼的嘴。孩子们都露出不可思议的表情。

老年的卓别林愈发有趣，他常常像个孩子似的想跳就跳，想唱就唱。他有时老远地跑来，大家以为有什么急事，谁知他竟为了采摘一朵花儿，并放在嘴里咀嚼；有时，他突然欢快地围着孩子们跳段舞蹈，他的情绪感染了孩子们，孩子们也和他一起翩翩

卓别林

起舞。

　　他总是以第三人称说自己,他看自己以前的电影,有时还幽默地说:"这个人挺不错的","这段演得精彩"。

四十、完美谢幕

　　1962年，从未受过良好教育的卓别林，分别被牛津大学和达勒姆大学授予名誉博士学位。

　　1971年，巴黎把享有盛名的"凡尔美大奖"授予卓别林。

　　1972年，美国对卓别林进行重新评估。曾经禁止把他的名字写在"明星大道"上的洛杉矶，现在匆匆把他的名字加了上去。在纽约，授予他"韩德尔大奖"。

　　1972年，美国为卓别林颁发第44届奥斯卡荣誉奖，颁奖典礼在洛杉矶音乐中心隆重举行。当人们见到久违的卓别林时，全都起立，热烈地鼓掌并持续了好长时间，借以表达对他深深地思念，是表达对这位伟大的表演艺术家无比地敬仰和尊重。他看着台下数以千计的观众，向他们招手致意，久久没有说话，他一定是在想用什么语言才能确切地表达此刻的心情。他满头银发，西装笔挺，眼睛依然深情而有魅力。他嘴唇微微抖动，似乎有千言万语却又不知如何说起。有趣的是，颁奖的人也不急于把奖项颁给卓别林，所有的人都在静静地享受与大师在一起的这片刻欢愉。只见大师也被现场的气氛感染了，他微微鞠躬，眼睛湿润，频频颔首。主持人请他致词，他走到麦克前，缓缓地说:"我只能说……谢谢各位邀请我,你们真是太好了,谢谢。"

在威尼斯,圣马克广场新布置的露天电影院里,卓别林的《城市之光》隆重登场,他还荣获了威尼斯电影节金狮奖。

1975年卓别林以85岁高龄被伊丽莎白女王封为爵士。女王对兴奋地卓别林说:"我观赏过许多你的电影,你是一位难得的好演员。"事后卓别林有点遗憾,因为女王没说他具体哪部电影哪个地方演得好。

伦纳德·马尔丁在《无声电影迷剧增并发现了一位被遗忘的流浪汉》一文中说:"有人以为电影是20世纪最伟大的艺术形式,更多的人以为卓别林是电影业卓绝的天才人物。"

尽管身体日渐虚弱,但他对死亡似乎毫无畏惧,仍一如既往地喜爱工作。他说:"生活的目的在于工作,因此我热爱生活。"

卓别林计划着再拍一部电影,但此时他年事已高,身体状况不佳,心有余而力不足。乌娜亲自照顾他,后来,在别人的说服下请了一位护理员。

1977年12月25日,卓别林家里儿孙满堂,房间被布置得温馨、漂亮,大家欣喜地欢庆着圣诞的到来。卓别林躺在自己的房间里,听着外面热闹的欢笑声,仿佛回到了自己的童年,那个从伦敦肯宁顿路走出来的小男孩,一心一意从事着他喜爱的表演事业,经过刻苦和努力,一步步成为世界巨星,经历了风风雨雨后,又获得了一种从未有过的安详。卓别林仿佛看见了母亲哈娜,哈娜还是年轻时的漂亮样子,她在朝卓别林招手,手里拿着卓别林喜爱的糖果。卓别林曾经在舞台上有各种各样的谢幕,每次谢幕后,他都会在不久后以新的面貌出现在大伙儿面前,可是

这一次，大师累了，他永远地睡着了。但大师没有离开我们，他一直在我们每个人的心中，他的微笑、他的电影会一直陪伴着我们。